声色记

王 亚 著

最美汉字的情意与温度

河南文艺出版社
·郑州·

图书在版编目(CIP)数据

声色记:最美汉字的情意与温度/王亚著. —郑州:河南文艺出版社,2016.8
ISBN 978-7-5559-0360-4

Ⅰ.①声… Ⅱ.①王… Ⅲ.①汉字-研究 Ⅳ.①H12

中国版本图书馆 CIP 数据核字(2016)第 084071 号

出版发行　河南文艺出版社
本社地址　郑州市鑫苑路 18 号 11 栋
邮政编码　450011
售书热线　0371-65379196
承印单位　河南省瑞光印务股份有限公司
经销单位　新华书店
纸张规格　889 毫米×1194 毫米　1/32
印　　张　8
字　　数　175 000
版　　次　2016 年 8 月第 1 版
印　　次　2016 年 8 月第 1 次印刷
定　　价　32.00 元

序

绿，银灰与原来姹紫嫣红开遍

车前子

写散文是要兴致的。读散文也要兴致。

我兴致勃勃地读着王亚她兴致勃勃写的散文：

> 有浓淡的黑该叫"墨"。
>
> 绿简直是妖精。
>
> 缁是自苦的颜色。

她真聪明，总有妙句。妙句是什么东西？妙句不是东西，它无东无西。妙句的妙处往往空无一物，但有什么劈面而来——让人觉得妙，又了不知南北。

散文看似随便怎么写都行，似乎能记成流水账一般的，或许本事更大。但散文随便怎么写，还得有妙句。即使像流水账，其中出入，对日常人家而言，总是关目。没有妙句，散文难有筋骨，也就成书法中的"墨猪"：

我理解的"墨猪"其实不似真的猪样子，猪总还是有筋骨的，"墨猪"式字体该是大海碗里的红烧肉，软塌塌，靠海碗才能拢起来。

这不是妙句是妙思了。反正散文的好坏，好坏只在妙或不妙。

写散文的人，心细，玲珑剔透，妙句才能从剔透里剔出灯花，而妙思则透出一层光亮。这一层光亮还不能太亮，太亮则一览无余，要亮中有暗，暗地里的光亮，隐隐约约，摇摇曳曳，犹犹豫豫——甚至是犹犹豫豫的，这才好。

我读文章，读得兴致起来了，还兴致勃勃，就因为看到妙句，继而领略到作者妙思，就很满足，以致举步不前到此为止——她或他想在散文里说出点意义，这个意义，我是毫不关心的。散文不是为意义而写，在家，出门，都会碰到意义，世界上多的就是意义，我都觉得太多了，丢掉一些也不足惜。垃圾袋里一半是垃圾，一半是意义。可能更多，垃圾袋里一小半是垃圾，一大半是意义。而妙句妙思呢？太少了！太少了！它在当代把散文当作情感美术馆和哲理博物馆的大片人潮之中，妙句妙思是孤独的珍稀动物。

去动物园玩，见到国宝馆里熊猫有两只，这动物园已很了不起。见到七只、九只，只能叹为观止。所以，当然，妙句也不能太多，否则国宝馆里的熊猫仿佛猴山上的猴子，一百只、三百只、五百只，也会搅乱耳目、混淆视听。说到底，散文还不仅仅是妙句的事业，仿佛两个人恋爱，总不能一天到晚接吻啊，还得干点什么吧，还得工作吧，还得养家吧——散文的世俗性，写散文的人更需在意而自在的。只是妙思要源源不断，这是写散文的兴致。一个写散文的，可以和妙句始乱终弃，但和妙思必须白头到老。

家乡在湘南，小城而有清淑之气。在某条街的拐角处，有几幢翘角的红楼，是湘昆剧团的所在。剧团有个小剧场，下学下班后偶尔转转，可以看小折子昆曲，有时便装，有时上妆。湘昆的水磨腔流丽婉转，软软柔柔的，跟她们腕下的水袖一样。行止更穿花扶柳，有燕语莺啼之致。我就在这里认得了原先唱花旦后来唱青衣的雷玲。

雷玲在台上唱《寻梦》，声容凉楚，唯尽其妙。虽轻吟浅唱，却形容、眼神，香肩一转，兰指一揉，都是悱恻凄迷。杜丽娘的眉眼里春愁汗漫，唱道："这般花花草草由人恋，生生死死随人愿，便酸酸楚楚无人怨。待打拼香魂一片，月阴雨梅天，守的个梅根相见。"我竟在底下呆了，哭得不能自抑，如自己发了一梦。那时我尚在小城。后来回去偶尔还到小剧场混混，雷玲渐渐改青衣了，她的美却经久的，越发韵致。

王亚的写作，也已从活泼泼花旦改举止沉稳的青衣了。说点闲话，我的故乡每隔几年附庸风雅，要办国际昆曲节，我碰巧在的话，也就跟着附庸风雅。记得有一晚刮风下雨，听说有湘昆，我还是去了剧场，因为以前见识过他们表演的《醉打山门》，这是绝活，差不多只有湘昆能演。带着这个念头，碰巧撞到雷玲主演的《白兔记》。听完戏回家，几个朋友正等我吃夜宵，我还没落座，他们就说："你走不多久，一个雷劈来，我们听到动静，上四楼查看，你卧室的梁被劈下一块木头。"后来我查书，雷劈房梁，不伤人，子孙出息。这个好！

王亚出版的散文集中，也是"这个好"。

是为序。

2015 年 8 月 3 日

下午，起云楼

目　录

壹　声色记

没有千年的道行,如何做得妖精?

贰　草木记

将朴素日子过出滋味来方为智慧,金圣叹用了一生来了悟。

叁　器物记

一个镯子一个女子，一个故事一段聚散。俗世残忍，俗世好。

肆 行止记

还是简单一些吧,与人与事与世界,清简而能瓜瓞绵长。瓜瓞绵长的清简须具了仙气才能得,蒙顶甘露清甘,难怪长久保持了仙气。

伍 岁时记

花事、酒事,诗词应和,无论王羲之、谢安或是范镇,都是清阔之人,才有这样的清雅蕴藉。

声色记

没有千年的道行，如何做得妖精？

绿

绿简直是妖精。绿必是脱了凡胎，又不全位列仙班一样端庄得失了生气，不是白的死板，亦不是红的恶俗，没有蓝的沉闷，更不是黄的佻达。没有千年的道行，如何做得妖精？

绿简直是妖精。

男人都喜欢妖精，我也喜欢。妖精不是妖怪，妖怪既丑且恶，妖精总有魅惑人的美貌，是尤物。有人笑："你也是尤物啊！"我回："我离尤物还差三个妖怪的距离。"

妖精的美让人深陷，如嗜毒，无法转还。妲己若不是有着"唇含碎玉，绿蓬松云鬓，娇滴滴朱颜"的千娇百媚，如何让纣王荒淫暴戾，造酒池肉林残杀忠谏？又如何在行刑前几声求饶唤得军士骨软筋酥，目瞪口呆，手软不能举刃？相比祸国的妲己，《西游记》里的蜘蛛精、白骨精、玉面公主等，又哪一个不是沉鱼落雁貌，倾国倾城姿？

妖精也不都是这等的惑人狐媚、嗜血鬼蜮，也有白素贞、聂小倩、白秋练般，冰肌玉骨月华姿容，而侠肝义胆，痴情知心。书生们的深陷，是陷入她们的爱情与护持中，爱不是毒，是幸福。

绿是好妖精，不是苏妲己。

早春里，从石缝里挤出来的小草是一个小精灵，在枝梢上冒出来的嫩芽是一个小精灵。这些小精灵调皮地四下里蹦，一袭风来长一茬，一阵微雨漫一片，春雷擂一通鼓，它们又加一把劲。暖阳呢，是来给它们施以妆容的，黄绿换了嫩绿，嫩绿换了青绿，黄毛丫头变成眼眸蘸了绿秋波横欲流的美娇娘。这会儿就是一个绿妖精了，田间地头漫山遍野的绿，是她浮浪地笑了，浪荡而不放荡，恣肆而不放肆。她的笑还真真的有声儿呢，莺啼婉转的。她那里缃裙一曳，翠袖一扬，柔腰肢一拧，翡翠星眸朝你一瞥，你便魂儿也飞去了，在半空里荡着落不了地，眼儿也呆直了，只黏在那盈目的绿里，脱不得身。你巴巴地觍着脸凑上去，几欲染指，她那里说不定已经敛了容正了色，隐了一根藜刺候着你。刺着时，你才恨恨地咬咬牙，道一声："小妖精！"亲近就好吧，她会亲昵待你，以无尽温情拥着你，由着你浪漫，与你谈一场满绿的恋爱。

这会儿真是满绿了，幻成无涯际的翡翠，水头充盈得将流出来。妖冶得是人都得沉溺，甘心跌进去，做了幸福的鬼。甚至不但人，蜜蜂蝴蝶小鸟雀金龟子毛毛虫，哎呀，哪一个不爱煞了呢？

地里一畦畦，菠菜韭菜莴苣上海青，鲜嫩嫩，绿得丰肥，看看就馋得咽口水了。若再摘些回来涤净了，清炒了，嚼巴嚼巴落肚了，那绿就在身体里晃荡，荡得骨头里都有了妩媚，从眉眼里清澈地映出来。

田间是早汪了绿的，南方的稻田一汪一汪的水。春分一过，秧田里就冒出茸茸的新绿，肥腴的黑褐色泥土将它们捧出来一般，而后就噌噌地往高里蹿了。清明的稻田整得油腻腻，脚丫子一踏进去，腻滑膏腴样的泥就从指头缝里汩出来，似乎还咕咕地惬意叫唤着。这会儿就可以插秧了。秧是青绿的，整饬地在田里列着队，风一来就一起笑得乱颤，笑着笑着就绿成一片，绿得汪出水来。田里的水也笑了，汪出绿漪。

更美的绿漪尚在雪域高原，羊卓雍措、纳木错、然乌湖……都是绝色的绿妖，有着剔透的骨骼，盈碧的眸子和笑窝，云鬓上插了翠翘，水上日光粼粼，便是这翠翘上鸟儿口里衔的珠玉光。这绿更美艳，看得人心也懒懒的，不想跳动了。似乎张生见了崔莺莺，愣是灵魂儿飞上了半天，只差没大叫一声："我死也！"心凝在那里，懒得动弹。却又极想将这丰姿绰约的"绿丽人"钤入身体里，哪怕只贪得一晌之欢也好。

绿必是脱了凡胎，又不全位列仙班一样端庄得失了生气，不是白的死板，亦不是红的恶俗，没有蓝的沉闷，更不是黄的佻达。她会朝你眨眼，俏生生唤你，露出两三颗贝齿，调皮而任性。她又会远离你，清洁的背影渐远，恍惚是在迷蒙肃穆的画里立着，令你不敢唐突。她一阵风来一阵风去，笑带了一串，自由而不羁。

偏只美人儿似乎注定了红颜薄命，绿得再好，经了一夏就老了，再经一秋便萎了。唯妖性妖灵还在，隔一冬，她又活过来了。

我倒有一袭绿裙，只少了骨子里的明媚，终究成不了尤物，更不是妖精。几人可配得一个"绿"呢？

　　金庸大侠写了个公孙绿萼，沾了一个"绿"字，自然清灵得很，终究为情而绝。林徽因《模影零篇》里也有一个钟绿，美得脚不沾尘，一样不得善终。《诗经》里采绿的女子亦空在水边瞻望罢了。没有千年的道行，如何做得妖精？

【释义】

绿（lǜ）

蓝和黄混合成的颜色，一般草和树叶呈现这种颜色：绿色。

声色记——最美汉字的情意与温度

素

素不一样，有经了光阴的厚朴，可用捣衣杵一下一下击打出清砧，天空地阔地回响。

近几年益发喜欢简素，素食、素衣，上班下班读书写字做饭打扫，日子也过得素了，几乎没了交际，连话都少。这样的寡淡里其实可以咂摸出无穷意味，如萝卜白菜，淡味方是至味，舍不下。

简直对素衣有着痴好，尤其炎夏，几乎一味地素白。褂子、衬衣、袍子、连衣裙、小背心，以至于几年不见的同学一碰面，说的第一句话："你还是这么喜欢白色啊！"

我不爱说"白"。白像娇养的女孩，肌肤吹弹可破，脸上细绒可见，毛细血管亦在表皮底下隐约着，美得柔弱，一些儿折腾就皴皱了，一丁点污渍便糟蹋了，得娇纵它方好。素不一样，有经了光阴的厚朴，可用捣衣杵一下一下击打出清砧，天空地阔地回响。

若以质地来比，白是真丝，素是棉麻。

我的素衣一概是棉麻的，阔大，行走时，有风灌入，有来去自如的洒然。素的机理里都织进了韧性，经纬纵横纤毫清晰，有一些拙而不陋，朴却不粗。比如读书人家的小儿媳提菜篮子走在街巷，眉目娟然，入俗而脱俗。

我最早见过一身素的是一个女疯子。她颀长苗条，着了一袭素白在学校旁的田埂上缓缓地走，从这丘田走到那丘田，田埂逶迤屈曲，她也逶迤缓行。初夏的稻田盈满绿，她就是那满绿里的一枚白璧。不对，白璧犹有死气，她的生动如御风的仙，风更在田间鼓荡着，簇拥着她的素服飞也似的，气貌若不胜衣。那年，我不足十岁，是个木讷寡言的女孩，放学时不回家，呆呆地靠着一棵香樟树，远远看她，从这丘田走到那丘田，觉得她比电视上看到的仙女都美，还这样切近。雨天她也在田埂上待着，只不过这回显出疯劲了，不但仍旧着素，还擎一把大黑伞，手执伞尖弯的手柄朝天，倒着打。这回我坐在教室里读书，身后的男同学指着田埂上的她嬉笑，拖长了的鼻涕憋足了气一吸，又吸回肚子里，还不忘笑一回："你看那女癫子！"我喉头梗着，像听他们取笑自家亲眷，也不懂回骂，只恨恨地在心里使了白眼剜他们。

那天放学后，我等着她把所有田埂都走完。雨已经停了，她倒拖着大黑伞回来，素白的裤腿已经污邋成两管泥淖，底下还蹚着两脚泥，隐约看出原本穿的是一双黑色扣襻布鞋。她眉目清秀，皮肤白得几乎与衣裤隐在一起，唯长久行走，脸颊酡红。从我身边过时，她低头朝我笑，笑里有慈爱，眼睛里却总是呆滞的。有男孩追在她后面嬉笑，她也回头笑。

我以为她的素衣邋遢了，第二天必不会来了。可是，将放学时，她仍旧一袭素白，在田埂上。

祖父说她是街上刘秀才家的小女儿，嫁到黄家生了个儿子，没几年儿子死了，她也疯了。

"她打人吗？"

"读书人家的女儿要疯也是文疯子，不打。"

那个夏天之后再也不见素衣的她，秋天也不见，冬天时我还想，她若还做一身素白冬衣，在雪地里走，会像《聊斋志异》里的狐仙吗？她是痴成了仙，必当飞仙而去了。

再也不见她后，我却总想扮她的模样，只穿白衣白裙仍旧没有仙范，后来才明白，仙家气韵须在岁月中超脱。

素的好更有许多。如素秋清夜里梢枝上的素月，清白的光，三分明。如老红酸枝书桌上一页素笺，素墨写就几行清瘦小楷。如素颜的白素贞立在断桥上遇许仙，素手擎一柄油纸伞。皆好得蕴藉。

素不是剔透的玲珑，似乎存一份痴，一些儿钝，又清透的洁净，有感知，有呼吸。气味也是质朴的，不轻佻，是素麻的味道，不是绸缎柔滑。

这样便有了素心吧？是素呢，不是白。

【释义】

素（sù）

本色；白色：素服。素丝。

颜色单纯；不艳丽：素净。素淡。素描。

洁白的绢：尺素（用绸子写的信）。

本来的，质朴、不加修饰的：素质。素性。素友（真诚纯朴的朋友）。

物的基本成分：色素。毒素。维生素。

向来：素来。素常。素志。平素。

白，不付代价：素餐。

非肉类的食品，与"荤"相对：素食。素席。

黎

一样绿茶能有金石之气，味必沉郁，凛然
的磊落昂扬，回甘且厚且缓，悠长得像魏
碑，有骨力有圭角。自然也如魏碑一样，
有生气而不凌厉。

"色如竹箨方解，绿粉初匀；又如山窗初曙，透纸黎光。"
以黎光写茶色，是张岱这样在山川人世行走之人才能写出来的好
句子。写的是他自创的日铸兰雪茶，还有一句写茶味，棱棱有金
石之气。

这几年，我爱往皖浙闽三地走，为看景，亦为茶。只看茶山
就美，一个小山头就是一场小音乐会，G 大调 F 小调奏鸣曲晨曲
小夜曲，轻灵地流出绿来。喝一路茶就更美，西湖龙井、开化龙
顶、日铸茶，黄山毛峰、太平猴魁、松萝茶、铁观音、大红袍、
水仙……哎呀，想想都馋。每去一处搜罗了好茶背回来，馋着喝
着，懒睡也跑了。睡眠变成一个若即若离的女郎，高兴了就搭理

我一阵，而往往行踪了无的时候居多。我这里越是心心念念渴望着她，她那里越疏离。干脆仍旧拔腿出门，这回又去越地。西湖发发呆，南浔找青衫公子，到了绍兴，倒不想扎堆去见王羲之、周树人，就沿运河在老巷子里走走。数一数八字桥的石阶，在仓桥直街的小酒馆喝喝黄酒，听听绍兴戏。看人们蹲在自家门口浣衣服洗青菜，隔着窄窄的运河用软软的绍兴话唤着对岸的阿婆。日子缓慢得如流水，是有味道的俗世烟火，又清丽又风情。

酒足饭饱，想茶喝了。绍兴有张岱，有日铸茶啊。该往哪里寻去呢？这一日，踏着老街石板，饮了绍兴黄酒，尝了茭白、茴香豆，想着也能"漱以兰雪茶"，完满成"天厨仙供"才好。

茶社倒有，竟无日铸茶，更无人知张岱。

"棱棱有金石之气""竹箨方解""透纸黎光"，如此好茶，竟不能得了。

一样绿茶能有金石之气，味必沉郁，凛然的磊落昂扬，回甘且厚且缓，悠长得像魏碑，有骨力有圭角。自然也如魏碑一样，有生气而不凌厉。

色更好呀。竹箨方解，鲜嫩嫩脆生生的新绿。以竹箨从新竹上脱开写茶色，也得是张岱，才能翻出如此新鲜妙想。想到一场春雨后，便惊蛰了，蛰了经冬的竹根噌噌地发芽了，冒尖儿了，春笋拔节蹿出来。竹箨就是那笋的壳。春笋从泥里拔出来，是一重鲜，声音嘎嘎脆。剥竹箨又是一重鲜，也有声，像少女掬水靧面，笋节和竹箨还丝缕相连。竹箨剥开是第三重鲜，不但鲜，还嫩，还香，粉绿嘟嘟的女儿面。

炒青绿茶，汤色如竹箨方解便罢，怎么还如"山窗初曙，透纸黎光"？当夜抻长一张黎黑面即将走到尽头，挥手在山窗晕出一抹曙色，浑如就着一盏灯打开镜匣，匣乍开而光初映，一镜流光。透纸的黎光，不在镜中。那一镜流光乍泄，早已满得溢出来了，一股脑投映在女子的脸上。脸是黎明新醮，娟娟然透出光彩。透纸黎光，是这样吗？一种新，一种娟美，亦是初生的潋滟。

黎也是颜色。《释名》里解释：土青曰黎。似黎草色也。

晨光潋滟地透亮了夜的黎黑，可不就是土青的黎色吗？还含了草青，将浑浊的黑濯清了，凑个鼻子上去，几乎嗅到藜的清香。想起一个词：藜藿之羹。

本地有藜，每到初春，便是它当道时节，人们叫灰灰菜。掐了尖尖回家洗洗，滚水焯过，凉拌，做汤羹都行。母亲有一种极简单的做法，将熬粥的米汤沥出一碗，酽酽地再熬一熬，焯过的藜搁进去，撒些盐花，搁几滴香油，汤羹便得了。有米汤的腻香，有藜的清鲜，一碗落肚浑如食了半截子春风，心里笃定朴素地美着。

黎定然也是朴素的颜色，清鲜得入心，像粗瓷碗的藜羹，素白盏里的清茶，透纸黎光。可是，绍兴怎可无兰雪茶了呢？昔日张岱以茉莉花窨日铸雪芽创了兰雪茶，一时夺了徽州松萝的群茶冠位。这样好茶竟久而失传，张宗子在地底亦憾恨吧？

我平生也有三恨，一恨不生在茶乡，二恨贪茶失眠，三恨兰雪茶失传。

【释义】

黎（lí）

众，众多：黎民。黎庶。

古通"黧"，黑色。颜色黑中带黄。土青曰黎。似黎草色也。则谓借为藜。——《释名》

古国名。

姓。

墨

点了昏黄灯盏的黑才是墨，焦、浓、重、淡、清，一一齐备。当白昼的秒针走到尽头，半空里倾出一池清墨，沥得天地山河满是墨迹。

不喜欢黑，觉得一股死色。像儿时半夜里醒来找不见祖父，趿着拖鞋揉着惺忪的眼逡巡，撞进一个黑房子，被暗无边际的黑扼着喉咙般。终于适应，借着微光，跟前模糊竟似一副棺椁，更是死黑。我几乎要惊叫逃遁，隔壁的秋婆婆适时出现拯救了我。

"长明灯怎么灭了？"

长明灯再被点起，一个粗瓷碗里长长地拖着一根苎麻捻的灯绳，灯前炭画像里是秋婆婆丈夫苦长老皱的脸。这会儿，夜的黑里有了浓淡。

有浓淡的黑该叫"墨"。管子有语"墨墨若夜"写政治昏暗，该是各种浓淡墨色淤积了的死黑，黑暗得甚了便如夜行，总也走不到天光。

还是墨好吧，别浓重到黑。墨比黑其实又多了些厚度，不单单因其部首的"土"。

墨分五色。点了昏黄灯盏的黑才是墨，焦、浓、重、淡、清，一一齐备。当白昼的秒针走到尽头，半空里倾出一池清墨，沥得天地山河满是墨迹。凭空里又擎出一支斗笔，将天际淡淡地泼一道，又晕出一些儿水韵，山间也多添些墨气。这时再来一支大白云吧，蘸些清水，在墨里走一遭，山脊点一下，房屋沁一层，远远近近的树影给它们施一些憧憧鬼魅。秒针分针再嘀嘀嗒嗒赶着夜，就操支大狼毫点了浓墨，为这样阔大的泼墨增些筋骨。小勾线笔也是不可少的，跟前的枝丫脚边的山石总得施两笔枯笔焦墨。墨色浓浓淡淡里，再有几点灯火才好啊，一切生命气息就有了。夜真是伟大的画者，任是八大、文长、范增、张大千之类，亦无此手笔。

墨有异香。不记得从哪里听来一个古墨入药的故事，恍惚说一妇人产褥热，血崩不止命悬一线。老郎中将一枚古墨投入火中炙了，研末以酒服下，妇人的血崩症旋即痊愈。因为古墨中除却松烟和胶，更有珍珠、玉屑、龙脑（即冰片）、生漆、麝香、樟脑、藤黄、犀角等十数种珍贵药材。《本草纲目》记载，这味叫"墨"的药，"释名乌金、陈玄、玄香、乌玉块"，"气味辛温、无毒、主治止血，生肌肤，合金疮"。觉得什么"乌金、陈玄"的名号，总不及一个"墨"字蕴藉，将乌、玄、陈、香都集合了，拿出来就一股异香。尤其不喜欢古医书里"辛温"二字，像看我的医生同学诊断里"两侧肾脏非化脓性的炎性病变"的字眼一样，没有一丝温情。

外祖父家世代中医，传到母亲这辈就只剩了一些清代医药书籍和外祖父小楷手抄的《傅青主女科》，所有书里对于药的介绍，无非寒热温凉几种属性，却从不曾将香味列入。那混着十数种名药的墨香究竟怎样？我们已无从得知了。

小的时候，倒是在祖父老书柜抽屉的犄角旮旯里翻出半截墨锭，一小块黑疙瘩而已，且经年未用吸了书柜的老旧气，有了一股浓稠的陈腐味。我们用它画房子，极好使，墨线几天不褪。祖父见了心疼，从我手里"劫"去，说磨墨教我习字。于是，就在一方素端砚里兑了井水缓缓磨，一会儿墨就稠了，乌亮亮的，泛着莹光。我习的字体是柳公权，祖父是习褚遂良的，他说褚体妍丽太软。墨写在纸上更油亮，有香。香也是稠的，像新熬的粥，粥里搁了数种食材，香得入肺。谁说墨香是冷香？一得阁、曹素功倒是冷的，香也稠。

墨锭用完后，再习柳体用的就是一种不知名的墨汁了，写来倒还不沉滞，只是臭气盈屋。那方素端砚也被我们调皮用锥子刻了一个大大的"王"字，后来干脆寻不见了。我跟着祖父游走于各种红白喜事和年节，做着小书童，打下手折纸裁纸，拿粗碗倒臭墨，看他的褚体写出红的白的对联喜帖和悼文，却未能留下一丁点墨迹。

颜筋柳骨褚字风流，我终究没将字认真习下去，如今再想提笔习小楷，却写得四不像。车前子先生倒是评价，有文气。我呵呵一笑，大约只是不似墨猪。初读到"墨猪"二字，我几乎在床上笑得打滚，如此形象，以为卫夫人跟我一样言语刻薄。卫夫人说，多肉微骨者谓之墨猪。仔细想想，倒果真形似。字该有骨有肉，若仅仅丰肥肉多无骨力，可不是猪吗？颜真卿字亦肥硕，但劲道十足，像足了唐仕女，虽然没有纤腰，总美得雍容。苏轼的字也肥，扁而肥，曾被人称"墨猪"。老苏倒坦然，一句"丰妍瘦容各有态，飞燕玉环谁敢憎"回了便罢，继续写自己的"肥字"。其实要我看，老苏的字倒不是杨玉环，是矮脚虎王英，有力道得很，断不是"墨猪"。且苏字亦是随心所欲，不端架子，如他本人，是去哪儿都行的可爱人儿。

卫夫人自己的字自然是美得腰肢婀娜，如插花舞女，低昂芙蓉。我理解的"墨猪"其实不似真的猪样子，猪总还是有筋骨的，"墨猪"式字体该是大海碗里的红烧肉，软塌塌，靠海碗才能拢起来。

拉拉杂杂从墨色写到墨，又到墨迹，我几乎忘了是写颜色还是物件抑或书法。墨总是好的，比黑好，有层次浓淡，有香有形，还有筋骨力道。

"黑"唯一句好，"三杯软饱后，一枕黑甜馀"。畅饮几杯，一枕黑甜睡到酣畅淋漓，夜的墨色换成晨的虚白，多好！还是老苏的好句。

【释义】

墨（mò）

写字绘画用的黑色颜料：一锭墨。墨汁。墨盒。墨迹。

写字画画用的各色颜料：墨水。油墨。粉墨登场。

黑色或接近于黑色的：墨黑。墨面（a. 黑的脸色；b. 指墨刑）。

贪污：贪墨。墨吏。

声色记——最美汉字的情意与温度

古代一种刑罚，在脸上刺字并涂墨（亦称"黥"）：墨刑。

姓。

古同"默"，缄默。

缁

> 只有风灌入时，它轻轻曳一曳，从交织的
> 纹理里宕起了一粒纤尘，才觉得它的孤独
> 里原来有灵魂。纤尘就在这一曳里逃逸
> 了，奔向更孤独的自由。

缁是自苦的颜色。像今夜，立夏刚过，闷热，连风也滞涩。

缁是黑色，又不完全是黑色。黑色布帛的样子，有纹理，有呼吸，其实是通透的，却苦着。只有风灌入时，它轻轻曳一曳，从交织的纹理里宕起了一粒纤尘，才觉得它的孤独里原来有灵魂。纤尘就在这一曳里逃逸了，奔向更孤独的自由。

着缁衣的是男子。《诗经·郑风》第一首就是《缁衣》。

缁衣之宜兮，敝，予又改为兮。

适子之馆兮，还，予授子之粲兮。

缁衣之好兮，敝，予又改造兮。

适子之馆兮，还，予授子之粲兮。

缁衣之蓆兮，敝，予又改作兮。

适子之馆兮，还，予授子之粲兮。

相关的典籍都说《缁衣》写的是政治，笼络臣子的权术，可我却看到衣缕里的爱情。如同样《郑风》里的《子衿》，《邶风》里的《绿衣》一样，都写衣裳，子衿、绿衣的爱显而易见罢了。而《缁衣》，缝补新制的分明是揉在朴素日子里的情。

缁衣是爱的借口，如一箪食一豆羹，专为他奉上。

坐在初夏邈远的蛙鸣虫吟里，我想着，一灯如豆，那个女子拥着一袭缁衣，坐在灯影里穿针引线，细缝补。缁衣的纹理是受针的，一穿即透。线长长扯出，拿针尖在发里理两理，不为沾些头脂，只恨不得将发丝一并缝进衣缕。

如此，缁衣便也是爱物了。

缁与素对，女子该着一袭素衣。缁亦清朗，素亦清透，是可相依又相承的颜色，如一份懂得，看一眼便罢。想着时，连这会儿滞闷的风里都有了些清甜。

不知何时，缁素却成了区分僧俗的两个颜色。僧徒衣缁，俗众服素。像原本丑陋不堪的女子取个"美丽"，猥琐不堪的男子偏叫个"英雄"，好名头都被糟蹋了。且不说素，缁衣成了僧众服，我直觉得心里膈应着，臭和尚们哪里配？缁衣的美好该当如女子静坐灯影。也有配的，用十个手指来数罢了，皎然、八大、大涤子、李叔同……得有仙家气质。即便是当下那几个著书立说知名的大和尚也是不配的，阔大缁衣着了恐怕更痴肥，幸而他们都穿得黄不黄褐不褐，可衬得那张脸有些憨厚。

缁衣算是从《郑风》里的俗世跌进方外了，却怎么也寻不出一种好来。有时，俗世有俗世的好，好得亲切温暖，比立在槛外却做出一脸萌态觑觎俗世要好得多。

又记起缁衣上的那一粒尘了。它逃到更俗世的地方，与低到地里的尘埃一起，于是，就有了一个名词"缁尘"。

以"缁"为"黑"计，缁尘便是黑色的尘埃，是俗世的污垢。

湘南以西有一个小县城，以石墨和煤为主产业。多年前去时，只一路拉煤拉石墨的笨重卡车拖出一溜儿烟尘。与其他地方的黄尘土有别，是实实在在的缁尘。天地房屋草木也是灰头灰脑，人们却很生动，大嗓门聊天骂娘。扯纸牌时，拇指和食指在口水里过一遍，捻一捻，就甩出一张，指甲缝里也是石墨色的尘。偶有一辆车上没拉煤，一群汉子立在敞着的车厢里，除了骨碌转的眼白，其他都是煤炭色，冲着姑娘笑时，一口的大白牙。

尽是缁尘。却不见得都是污垢。

想起陆机那句"京洛多风尘，素衣化为缁"了，或者于羁旅之人而言，缁尘也是俗世刀剑，扑面而来就把心给伤了。又如纳兰的"人生何事缁尘老"，人间富贵花的纳兰欲效魏晋之风，做陶潜、嵇康，竹林抚琴把酒对菊，伴着明月在小楼里镇日长闲。时光的晷在这月圆月缺、月升月沉中，倏然挪移。

缁尘都老了，人怎不老？这样的好句，翩然出尘。虽说仍旧是纳兰式的自苦，而滋味百般。缁尘未入心，而伤了年月。

莫怪"缁"吧，这样好的字呀。经纬纵横，或斜织，挺括密实的布帛。再有栎实、橡实、五倍子、柿叶、冬青叶、莲子壳、乌桕叶种种植物聚合了，凝成一泼墨色。布在这一泼墨里浸染了，浣一浣，反复而繁复地沉积了缁。

做一件袍子、一条裤子吧，都得是阔大的。在风里鼓荡时，一粒尘借风逃遁了，是五倍子，还是乌桕的精魂？

【释义】

缁（zī）

黑色：缁衣。缁帷。缁素（a. 黑和白；b. 借指僧人和俗人，因僧尼穿黑衣，而白衣是平常人穿的衣服）。缁黄（指和尚与道士）。

青

辣椒、黄秋葵、芦笋什么的也不错，青溜溜的，遇见牙齿有脆响，生生就是一个词——嚼青。嚼巴嚼巴就把春天吃进肚了，肠胃里春风鼓荡，呼吸都是轻薄的鲜味儿。

总觉得"青"是有声音的。"青"的声儿脆脆的，像春天立在花下的小姑娘冲你一声唤，最好那花还是栀子花，可以送来一声衬着青叶儿的莹白香。姑娘唇红脸白，声音从贝一样的齿缝间跳腾出来，在春风里滴溜溜转。

青又是敞亮的，剔除了红、蓝、黄、紫各杂色，独漫漶地逼你的眼。春老了以后的草地就是这样的漫漶，将原本茸茸的鹅黄嫩绿换成盈目的青，从心所欲地明朗着。仿佛你看它一眼就可以把所有的龌龊龃龉，所有的灰色调，都挤出去，心也清了。

青有鲜味儿，是菜蔬瓜豆鲜香。蕹菜、菠菜、茼蒿、油麦菜、红薯叶……哪一样都是青绿青绿的，看着就可喜。最好在地里现掐一把，还和着露带些鲜泥土味儿，净水涤过就可清炒了。油也别多了盐也少搁些，味精酱油都不用，只留本味格外香甜，一肚子青鲜。还好些的是黄瓜，青碧的一长条，带些小茸刺，悬在茸茸绿绿的黄瓜秧子下，老远就闻着香。干脆摘下来洗洗就啃，那香简直可以逸散，随着嘴巴里的脆声，蹦到舌面齿龈喉咙口，还咕噜跃进胃肠里，将那腘腨地也香了一遍。熟吃黄瓜得嫩嫩地炒，清炒也好，与青椒炒也好，都不能失了它的鲜嫩。我会做一样黄瓜熘鳝片。黄瓜鳝段切片，红椒、姜片去腥增色，油可稍多，鳝片滑一下便可放黄瓜片。锅里熘几下搁了盐就成，最好再倒些蚝油，几滴香油，就可出锅。黄瓜的清鲜与鳝片的滑嫩绾和，是上好的小鲜，又下饭。

辣椒、黄秋葵、芦笋什么的也不错，青溜溜的，遇见牙齿有脆响，生生就是一个词——嚼青。嚼巴嚼巴就把春天吃进肚了，肠胃里春风鼓荡，呼吸都是轻薄的鲜味儿。

青竹也有响，得入夏，白天黑夜竹风飒飒。唐朝有个唐彦谦，专写了一首《竹风》："竹映风窗数阵斜，旅人愁坐思无涯。夜来留得江湖梦，全为乾声似荻花。"诗前两句无趣且矫情，后两句倒好，有轻功水上漂的潇洒。或是竹影琳琅里，一个青衣舞着水袖，咿咿呀呀唱尽人世悲欢。

家乡在湘南，小城而有清淑之气。在某条街的拐角处，有几幢翘角的红楼，是湘昆剧团的所在。剧团有个小剧场，下学下班后偶尔转转，可以看小折子昆曲，有时便装，有时上妆。湘昆的水磨腔流丽婉转，软软柔柔的，跟她们腕下的水袖一样。行止更穿花扶柳，有燕语莺啼之致。我就在这里认得了原先唱花旦后来唱青衣的雷玲。

雷玲在台上唱《寻梦》，声容凉楚，唯尽其妙。虽轻吟浅唱，却形容、眼神，香肩一转，兰指一揉，都是悱恻凄迷。杜丽娘的眉眼里春愁汗漫，唱道："这般花花草草由人恋，生生死死随人愿，便酸酸楚楚无人怨。待打拼香魂一片，月阴雨梅天，守的个梅根相见。"我竟在底下呆了，哭得不能自抑，如自己发了一梦。那时我尚在小城。后来回去偶尔还到小剧场混混，雷玲渐渐改青衣了，她的美却经久的，越发韵致。

雷玲扮青衣更典雅，少了花旦的俏皮，而更悠远舒缓，声出三腔之上。有一次回家，一个人跑去看《白兔记》，扮李三娘的仍旧是雷玲，这会儿她已经获全国戏曲梅花奖。三娘一袭素白出场，沉静如水，容止端然。我几乎要以为不是那个演杜丽娘的雷玲，一些娇俏都隐去了。鬓角的片子和繁复的头饰自是未掩去她的丰赡，依旧那一双丹凤眼，眼风里流出一股兵气，可以伐人。《剔银灯》《梨花引》《醉扶归》《锁南枝》，单单这些曲牌就美得不可方物，李三娘一个揉手、一下捻指，柔曼的水磨腔，更生生地勾人。她在那里缓缓唱念，连"抢棍""咬脐"这样的唱段都从容不迫而抓人。

乐池里仅小鼓一架，胡琴几把，古筝一台，竹笛两支，而已。台上更无非一桌两椅，李三娘自在舞台背景之前仪态万方，压得满堂失了颜色。只是，竟有些苍凉，将人心也揪住，跟着那丰神去了。

青衣是比花旦老的旦角，雷玲老了而又未老，用湘昆的调子唱出来，有些微老辣，是辣椒青得正好。

【释义】

青（qīng）

深绿色或浅蓝色：青绿。青碧。青草。

绿色的东西：踏青。青黄不接。

靛蓝色：靛青。青紫。

黑色：青布。青线。青衫。青衣。

喻年轻：青年。青春。青工。

竹简：青简。青史。

银

银大约是唯一没有温度和态度的颜色，但它有新旧，有形迹，有光。唯其有光，可以看见时间在上面走，多好！

银大约是唯一没有温度和态度的颜色，但它有新旧，有形迹，有光。唯其有光，可以看见时间在上面走，多好！

没有温度的银是真有一些凉薄，冷冷地静穆着，透着一股子刀剑气。偏生人们爱将这冷银日常伴着，行动间亦寒光乍现，仿佛举手投足裹挟着兵刃，却并不见伤人。看来银的冷是虚张声势，像骄傲女子的爱情，明明爱煞了，偏依旧昂首不斜视。

银是有前世的。与身世一搭边，便古典起来。古诗词里就有许多，银汉、银钩、银灯、银瓶、银瓮、银床、银甲、银台、银烛、银字、银笺、银筝、银盏……哎呀，仿佛无银不成诗。古人诗里这许多银，银灯最蕴藉。一旦有了灯，银便温软得近乎风流

声色记——最美汉字的情意与温度

了，有昆曲的婆娑。是高门深院里款款而行的小姐，不用开嗓，就惊了半阕春梦，东风也醺暖得斜乜了眼妖冶了身姿。

晏小山最爱银灯，"银灯一曲太妖娆""细剔银灯怨漏长""今宵剩把银釭照"，是了，银釭也是银灯。大晏尚典雅，小晏爱奢丽，儿子作词一水的颓靡。银灯实在是颓靡的，连衬它的都浮艳至奢，画鸭炉、鸳鸯衾、桃花扇，彩袖歌舞太妖娆。柳三变《斗百花》更艳呢："与解罗裳，盈盈背立银釭，却道你但先睡。"哎呀呀，简直是欲拒还迎，让人也酥软了。这是艳而不淫，却有入骨的心旌摇曳。

大约还是银的刀剑气，兵不血刃就俘获人。

《红楼梦》里小名琪官的蒋玉菡同宝玉呆霸王行酒令亦唱："看天河正高，听谯楼鼓敲，剔银灯同入鸳帏悄。"这回银灯倒作了配角，"剔"与"悄"简直风月无边啊！

词牌里也有《剔银灯》，风致得近乎蒋玉菡行酒令时的眉眼了。论这份风流，众多词牌里怕只有《懒画眉》可与之一敌，像董小宛见了顾横波。昆曲《风筝误·惊丑》里有一节《剔银灯》，有画眉有相会，却风流得过了便流俗了。

银万万不可俗，你几曾见月光俗了？老苏说"清夜无尘，月色如银"，便是明证。他一阕《行香子》简直堪称千古至雅，你若遇浮世劳苦，便借他这两句去吧——"几时归去，作个闲人。对一张琴，一壶酒，一溪云。"银色月光下，与天地铺毡对坐。

你或许要说，月光还是清冷了些，衬孤独最好。其实，银若要衬其他颜色、物什，便全然另一副模样。

多年前爱过的一个人赠我信物，一本书《幸毋相忘》，一条泰银镶黑玛瑙项链。项链典丽，银的冷与黑的沉寂相得益彰，有经年不败的气质，像书名一样——幸毋相忘。只信物远比人情长，月久年深后，我没忘了他，他早已丢失了我。大概黑助了银冷，更冷得略苦了。

倒是少数民族有着朴素的祯祥愿望，他们甚少将银配黑，而搭大红大绿大紫，甚或一样银饰便衬了各色丝线堆积的绣品，图案无非喜鹊蝙蝠缠枝纹，花团锦簇的大俗。偏这样的俗与冷银在一起，居然中和了，温度、态度都有了。在人群里瞥见一眼艳，可一见钟情。苗族、土家族女孩们更将银堆叠了顶在头上圈在项间腕上，耳坠子上都挂一长串，行动间有流水的冷冷，却并无夺人的宝色。银的冷一旦繁复了，便等于负负得正吗？竟温暖了。

古时有一样色叫银红，在粉红色颜料里加银朱调和而成。《红楼梦》的软罗烟就有一样银红的，《金瓶梅》里的陈经济爱穿"鸭绿出炉银"，这"出炉银"亦是银红，可衬得人面若桃花。出炉银比银红拙，却生动，火旺的炉火锻炼而成，本就映得一炉红。

还有银蓝、银黄、银灰，红黄蓝这些原本只有声色，一旦加入了银，就潋滟地有了光。

【释义】

银（yín）

一种金属元素，可以制货币和器皿、电子设备、感光材料、装饰品等：银子。
旧时用银铸成块的一种货币：银圆（亦作"银元"）。

像银的颜色：银白。银样镴枪头（喻表面还不错，实际上不中用，好像颜色如银子的锡镴枪头一样）。

古同"垠"，边。

姓。

绛

大概"绛"里果真注入了年华与坚忍，先生经了一百〇五年的人世跌宕，迁徙、贫寒、战争、侵略、"文革"、离殇……一个多世纪的苦都让她尝尽了，她依旧淡淡的，无阴无晴。

　　红颜色里，大约朱比殷老，赤比朱老，绛比它们都老。绛里必是注入了年华与坚忍，便红也红得倔强了，旌旗一样梗着脖子迎朔风。

　　"绛，大赤也。"《说文》这样解释"绛"。我理解的"大赤"是比红更红，红得有些老辣了，可经霜气。

　　七月写"绛"不免想起杨绛先生，过几日便是她的诞辰了。一百〇五年前，北京城一个胡同里，同盟会会员杨荫杭的第四个女儿出生了，他给她取名季康。小季康爱笑，家里人给她喂冰淇淋，她甜得很开心，小嘴却冻成"绛"紫色。不过她的名字倒源于"季康"被兄弟姐妹嘴懒叫得吞了音，压缩成了"绛"，从此

32
声色记——最美汉字的情意与温度

她便叫"杨绛，字季康"，这得算无意捡得的名字吧，天意为之。

大概"绛"里果真注入了年华与坚忍，先生经了一百〇五年的人世跌宕，迁徙、贫寒、战争、侵略、"文革"、离殇……一个多世纪的苦都让她尝尽了，她依旧淡淡的，无阴无晴。你甚至会觉得她的平明贞静里有些冷，就是这些岑静内敛里，有着不蔓不枝的优雅。这是一百〇五年的光阴赋予先生的从容，经了人世间的狂风暴雨，犹能将阴晴隐于心，是"绛"的真正老辣。

钱锺书先生称杨绛先生为"最贤的妻，最才的女"，因为她一直是站在他身后的那个女子，做他的"灶下婢""女秘书""挡箭牌""清障妇"。他拙手笨脚，不会打蝴蝶结，分不清左右脚。他打翻了墨水瓶把房东家的桌布染了，她说："不要紧，我会洗。"他把台灯砸了、门轴弄坏了，她说："不要紧，我会修。"他颧骨上生了个疔，她说："不要紧，我会给你治。"她像圣母一样护着他，替他抄书稿，替他挡人客，为他做一切他不擅长的事情。安顿的时候，他们便各据一书桌，静静地读书工作。

他们终究失散了。他走前，对她说："绛，好好里（即'好生过'）。"她便好生过着，唯做着寻寻觅觅的万里长梦，一个人思念他们仨。

先生是有些倔强的，浑然长成了一棵树，一个人也梗着脖子寻觅归途。

传说中真有一种名唤"绛"的树。相传黄帝行宫开量门的南面就有一棵巨大的绛树，绛树自会歌唱，且有旋律有和声，仿佛一人分饰两角，便常有仙人在树下坐听。杨绛先生也是有了绛树神力吗？可承担起"妻子、情人、朋友"三个角色。

只绛树从仙家落入凡间后，少了异兽的守护，身世也变得跌宕了，古诗词里成了歌女的指代。"碧玉宫伎自翩妍，绛树新声最可怜。"这是南朝徐陵的《杂曲》，如西施、韩娥、张璪、绿珠、陈圆圆……红颜薄命最可怜。

仙家还有一株绛珠草，亦是可怜之物。绛珠草长在西方灵河岸边三生石畔，神瑛侍者日以甘露灌溉，绛珠草也修成个女儿身。后来侍者下凡，绛珠仙子道："他是甘露之惠，我并无水还他，但把我一生所有的眼泪还给他。"这便是林黛玉的前世。

绛珠草偿的是绛色血泪，直将生命也偿尽了。据说北方果真有绛珠草，植株最是娇柔，往往于深秋最红艳时一经寒霜生命便戛然而止。这只能是林黛玉，不会是杨绛。

绛色虽是老红，总仍旧不失炽艳，如"点绛唇"。《点绛唇》是词牌，由江淹诗句"白雪凝琼貌，明珠点绛唇"而来，又名"点樱桃"。樱桃小唇略一点，真是艳而又艳。大约因了这名字里的美人之姿，"点绛唇"词作多纤弱，别有一股香风细细，李易安便是一例。连老苏也会"烛影摇风，一枕伤春绪"，你几曾见他这般伤春伤别？

京剧唱腔里的"点绛唇"倒别有气势，用于元帅升帐、豪客排山种种，称"点将"，终究将"点绛唇"的孱弱扔远了。

山西运城有绛县，县邑之人便称"绛人"，想必有晋人的倔强坚韧。

【释义】

绛（jiàng）

赤色，火红。绛，大赤也。——《说文》

翠

美人单单只美并不能移人，得有媚态，便
如火之有焰，灯之有光，珠贝金银之有宝
色，美而具媚态者，就是尤物了。

　　李笠翁无疑是天下第一等懂得欣赏美的人，且不说《闲情偶
寄》里谈了多少美的艺术，单他看美人的眼色就世人难及十之一
二。旁人看美人只觉得美，他看出那美足以移人，可使人害相思
成郁病。美人单单只美并不能移人，得有媚态，便如火之有焰，
灯之有光，珠贝金银之有宝色，美而具媚态者，就是尤物了。
　　翠是尤物，有宝色，有媚态，盈盈的眉目里流着光。翠不是
绿，是比绿还绿的绿，绿得将要滴出来。翠的媚态仍旧是隐秘
的，你见不到，但你知道它在，一击而中你的眼进而在你浑身上
下隐秘地抓挠。
　　有个词叫"翠色欲滴"，看似俗不可耐，欲滴之态就是媚了。

"眼色暗相钩，秋波横欲流。"后主李煜一曲《菩萨蛮》写尽媚态，你几乎可眼见得烟视媚行的女子，举手投足间尽是风流。她只需临去秋波那一转，你便倒也，染一身透骨髓的相思病。这是翠的模样。

有烟视媚行模样的莫如翠翘。这是一个温柔而张扬的名字，样子同样如此。翠翘是翠鸟的长尾羽，亦是古代女子发髻上的配饰，形制大约也是长羽鸟雀，衔来一片珠玉光。翠翘簪上乌云堆，罗衣女子便行动间香风细细，落座来淹然百媚。只那翠翘在发间颤巍巍便好，她全无须搔首弄姿，已然人间尤物。

若翠翘再施以点翠工艺，这尤物便惊艳了，张扬得天地惊慌。点翠算添俏，原本有一些隐秘的媚，这回彻底明媚得近妖了。想想，不是妖是什么？以金银做底，金丝银线勾出纹样，将活翠鸟脖颈上的细羽精心粘贴。金银奢丽的冷，经这一点翠，忽忽地活了，浑然从一家修饰繁复的坟上飞出两只蝶。或者说翠鸟"唧——"的一长声，从江汀跃起，由一根芦苇上经过时，轻轻一点便不见了，芦苇空自荡了半天。总之，一切都活了，像是灵魂附身。器物之美再附着生物之灵，可不是活了。

"绿云高髻，点翠匀红时世。月如眉，浅笑含双靥，低声唱小词。"晚唐词人牛峤有阕《女冠子》，就写高髻簪点翠的女子，真真是仙灵一般。

无奈一支小小的点翠金簪也须用十数只甚至数十只翠鸟羽毛，且必得是活翠鸟身上最鲜亮的，因此点翠簪大多只皇家或贵族女子才能佩戴。后渐渐流传于外，一些京剧名角也有点翠头面，倒正合了牛峤词里那句"低声唱小词"。

翠鸟羽毛趋蓝，点翠终究算不得纯粹的翠，又因翠鸟珍稀，工艺繁复，点翠工艺也渐渐式微。

翠得纯粹的是翡翠，尤其满绿，不事张扬的美，而足可移人。为翡翠相思的怕多是女子，如我。我有圆条、宽贵妃手镯各一，大小翡翠玉佛吊坠几枚。前些年闲逛，遇见一枚白金镶满绿翡翠的戒指，戒面水头很足，直将滴出来。我便又挪不动腿脚，戒指已经落入眼底拔不出来，终于砍价咬牙拿下。

满绿才是真翠色，因为有水头，看着看着竟盈盈地要流动似的，直是秋波横欲流，怎么不将你暗暗里勾了去？翡翠必是有情的，浓得化不开，才会让人深陷。那水头也是一样生灵，有了才活泛，绿眼珠子滴溜溜转。

翡翠是尤物，如我等呆模呆样的女子戴了总还是欠些，掩了一些光华，得王熙凤、尤二姐、林徽因、陆小曼、张爱玲之类方可。最不济也要潘金莲李瓶儿们，即便骨子里隐着，也一样淹然百媚。

不过，它们倒不适合年事较高或精神不振的人佩戴，必致两败俱伤。人的老态和颓唐，断不会因戴了翡翠而明朗，反暴露佩戴者的老惫。这是慈禧老佛爷的观点，她老来就不戴翠。

大约如梅尧臣写草一般，"满地残阳，翠色和烟老"。翠色再好，终敌不过暮色侵扰。

翠还是好，连名字里有翠的女子都是美尤物。如猪八戒的媳妇高翠兰，老猪看见她连嫦娥也不想了。又如古龙小说《边城浪子》里有妓女名翠浓的，美貌绝伦。《聊斋志异》里灵狐小翠，嫣然展笑，就是仙灵之品。沈从文《边城》还有翠翠，水一样清明，小兽物般的灵动，让傩送、天保两兄弟爱到难以割舍。当然，翠花除外。

【释义】

翠（cuì）

绿色：翠绿。苍翠。翠微（青绿的山色，亦泛指青山）。

属鸣禽类，形似杜鹃，嘴长，头部深橄榄色，有青绿色斑纹，背青绿色，腹赤褐色，尾短，捕食小鱼。翠鸟。

指"翡翠"（硬玉）：翠玉。翠镯。珠宝翠钻。

灰

灰其实是有烟火气的，灰必然有温度，知俗世人情，而一切都收敛着，傲气恣肆都隐了，你一见而笃定。离了胡兰成之后的张爱玲也是银灰的冷艳，爱声色，又远离声色。

其实我挺喜欢灰色，就像喜欢干干净净的中年男子。它冷冽而孤独，又透着节制，有各种色圆融了的清洁。它或许初始阶段桀骜不驯，但愈历练愈添质感，愈见中庸却不轻易妥协，为此也才可收敛得清爽。也正如经历了无尽人事仍旧保持清洁的男子，无论时空如何转换，他一直冷峻地承受和抵挡一切，旁观人世也观照自己。

修炼成合格的灰，需要基准的节制与清简，劲不能使过了，过了会沉闷，也不能太轻浅，轻了就飘浮。西画里的灰就很难掌握，一不小心就脏了，污污逼逼成了一块使了经年的抹布，肥皂水洗了六盆仍旧乌七八糟。节制就像吃饭，少了会饿多了会胖，

声色记——最美汉字的情意与温度

再几个一不小心就胖成了中国式大叔。中国式大叔不叫灰，叫肥白或土黄圆或墨团色，具体哪个色系须依据肤色而定。日韩大叔倒几乎一色的清减灰，不单单人家饮食结构里少肉，更多是节制。形态清减，模样里便有了平和，于浮躁中亦可知清静。灰调子始终如一，看似漫不经心，其实有着妥帖的温和闲雅，承袭了古人的内核。

倪云林的画也是灰调子，毫不设色，寒荒而空寂。无非枯湿浓淡点皴晕染，他却自有一股子萧散，旁人摹也不像。他只极简几笔，便有了天空地阔，又清洁得一尘不染似的，而可读出无尽意味。你与他瞻对时，如见他自身披了阔大的灰袍子行走在天地之间，有风灌入。八大画也几乎一色灰，更空更孤独，魂魄寥落地蜷缩成他笔底的鱼鸟竹石，略有些苦的况味，却竟无倪云林的清寂。云林是什么也不在意地在世间行走成了仙，他适合活在魏晋，空阔的留白就是林下风度。

是了，灰便是一样林下风，清淡得绝俗。

正因了清淡，灰也愿作陪衬，它只需静静地待着，红蓝黄白青绿紫各色都能在它近前华丽起来，有原本面目平淡眼神呆滞的姑娘陡然见了心上人的生动美艳。红男绿女的俗在灰色调子里也纯粹起来，杂乱的浮艳也平和了些。全因为灰的冷，冷而不老亦不悲喜，即便内里波涛汹涌，它也凛然仰着头迎风而立。竟还如同写我会迷恋的那类男人？

灰并非一以贯之的不动声色，干净而安静。初始时他也生涩也浮躁也莽撞地闯江湖将生活弄得一团糟，像初学油画的人将红绿蓝紫一齐来调成灰，深了加点白，浅了添些褐。如此便画面或浮夸得脚底下可以打滑了，或杂沓得成了菜市场，又或喑哑得成了灰黩，如失恋、心死。连李商隐的"一寸相思一寸灰"、纳兰的"心字已成灰"、马钰的"灰了凡心出世尘"，也敌不了这死了的灰，没有了一丝温度。倪云林的灰大约与他们全真派祖师爷马钰近似，看淡了人事远离了尘嚣，灰都灰得没有了烟火气。

而灰其实是有烟火气的，"灰，死火余烬也"，《说文》里就如此解释。也就是说，灰必然有温度，知俗世人情，而一切都收敛着，傲气恣肆都隐了，你一见而笃定。他略微慵懒随性又并非毫无动力，他依旧恪守信念理想，稳稳地慢慢地走。

灰里有一样倒是女性的，银灰。我看凡与银相关都冷艳，银灰更甚，冷眼得如民国时的歌女，即便身着长开衩旗袍扭动妖冶身姿在台上唱着《夜上海》，目光依旧是冷凝的，睥睨歌舞霓虹的声色场。离了胡兰成之后的张爱玲也是银灰的冷艳，爱声色，又远离声色。

【释义】

灰（huī）

物体燃烧后剩下的东西，经烧制后形成的产品：灰烬。灰飞烟灭。

尘土：灰尘。

特指"石灰"：灰墙。

黑白之间的颜色：灰色。灰沉沉。

志气消沉：心灰意懒。

緗

幸好緗色总是明朗的，如史湘云，日子再
苦，也只悄悄嘱"爱哥哥"想着让老祖宗
接来园子里，下回再来时依旧倜傥洒脱，
娇憨一笑，如一季春风。

温雅而娇俏，我看緗色就如史湘云，并非有同音的字眼，她
们质地相近。质地，而不是气质。读《红楼梦》时，我一直对湘
云爱男装耿耿于怀，即使着红装也是什么大红猩猩氅之类的夺人
眼目。湘云确有男子气，终归仍是烂漫女子，最宜緗裙。

想着她醉眠芍药裀，鲛帕包了一包芍药花瓣枕着，香梦沉
酣。四面芍药花飞了一身，满头脸衣襟上皆是红香散乱，一群蜜
蜂蝴蝶闹嚷嚷地围着。可惜，曹老夫子居然没写她那日穿的啥。
我脑补的"镜头"仍旧是緗色，方可衬得芍药丛里的红香绿软。
尤其湘云初醒时那秋波慢启的娇憨，哪是一个女汉子模样？湘云
必该是緗色的，香的软。即便鹿肉螃蟹腥的膻的大吃大嚼，回来

仍旧锦心绣口吟得出"寒塘渡鹤影，冷月葬花魂"。

缃是浅黄色，软软软软的浅黄，娇美。

乐府诗《陌上桑》里的采桑女罗敷也是缃色的，美得让人们忘了耕种劳作，但坐观罗敷。缃绮为下裙，紫绮为上襦。衣裙搭配就好，缃和紫是极婉约的调和色，一衬出来，明丽端方。记得《金瓶梅》里，西门庆看不得宋蕙莲大红袄配紫裙，开箱拿块蓝绸给她做裙子。有句老俗话，"红配绿，看不足；红配紫，一泡屎"，西门庆在声色中浸淫着，自然有着最起码的审美。蓝与红冲撞着，却艳丽，符合他的口味。

回头来看缃配紫。与红绿、红蓝的对照冲撞不同，缃紫是互补的，有明暗冷暖。两色又皆柔和，似两个娇滴滴俏娘子，一齐巧笑立着，轻软得你也将酥麻地跌倒了。还有诗为证——"青丝娇落日，缃绮弄春风"。这是唐人刘希夷的句子，亦写采桑女，春风也恋上了这份娇柔。

缃与青配也美，不是姊妹迎风俏立，是小姐和公子把卷吟咏，像《牡丹亭》《西厢记》种种昆曲里的唱段。暮春，莺啼婉转晴丝摇曳，她着缃绮簪花钿立在那厢里迤逗得云彩也侧目。他便是那落拓青衫客，书箱是唯一行囊。只是因为在后花园外多看了她一眼，就再也没能挪动进京的脚步。借宿、相遇、钟情、夜读、添香，哪怕再俗套的桥段，他们自个儿也唱得旖旎缱绻。种种情致便落入汤显祖王实甫们的青缃之上。对呀，青缃不单单是两样色，亦是书卷。

古人对书是爱煞了，以青缃织物缝就书衣书囊，渐渐，书又有了好听的名字，青缃、缃帙、缃素，清好风雅。裁缃帛缝书衣想来就如长亭短亭十八里相送，道别了再道别，走远了再回头。

哪怕那个身影远去了，只看着蔓延在他身后空荡荡的路，也是慰藉，崎岖小路是牵了情丝尾随他去了。种种深情就这样缝进书衣，如同缝他的冬衣。缃色的书衣。可是她裁了裙裾？一片相思随他身。

缃绮作书衣也不全是春风一度的赏心乐事，清嘉之物落入纳兰笔底，也是蚀骨的伤。纳兰有《临江仙》词云："倦眼乍低缃帙乱，重看一片模糊。幽窗冷雨一灯孤。料应情尽，还道有情无。"

词上阕写夜雨打芭蕉，展缃帙见红笺，鸳鸯小字将回忆刺痛。"鸳鸯小字，犹记手生疏"，这两句，仿佛轻轻一带而过，却在微微的波光碎影中投射出生命无法承受之重。

灯下，捧着这一卷缃帙，竟倦眼模糊了，书也散乱地摊了一地。"倦眼乍低缃帙乱，重看一片模糊"，或者模糊的是眼里迷蒙的泪光吧？那熟悉的字迹愈清晰，纳兰的眼前便愈模糊。记忆越幸福，回忆便越苦楚。

一窗的芭蕉雨终究敲打不开过往的门，缃帙上的粼光碎片，都化作了刻骨的忧伤，在每一处孤独的夹缝里，如芭蕉苦雨，平仄着，击碎了他的心。

幸好缃色总是明朗的，如史湘云，日子再苦，也只悄悄嘱"爱哥哥"想着让老祖宗接来园子里，下回再来时依旧佻㒰洒脱，娇憨一笑，如一季春风。

【释义】

缃（xiāng）

浅黄色：缃帙（浅黄色书套。借指书卷）。缃素（古代书写用。借指书卷）。

绾

绾是颜色，绾色轻浅而清晰，又略微华丽，是一切温软日子的背景。绾的颜色其实仍旧抵不过绾的形象。绾色是隔梦的美，而绾是眼底的柔媚。绾的质地是静而柔的。

如果以人比，绾是女子，未必美得惊心动魄，但足可魅惑人，不惊艳地就俘获了。又水一样柔软，柔到你甘愿跌进她的心湖里爬不出来，淹死了也只做她的鬼。

记得多年前看《大明宫词》，街头太平初遇薛绍，揭开昆仑奴的面具，太平怔怔地，见了一个未曾见过的明亮脸孔，刚毅面颊上徐徐绽放了柔和笑容。太平就这样跌进一个男人幽深的世界里。那夜他着绛袍，她着赭色，而周遭弥漫的是软软绾色。我宁愿相信十四岁的太平是在这样浅淡的绾色里，不自觉被薛绍明亮的笑容魅惑的。绾才是助推色，与初恋与爱情有关。而绾色又分明携了些哀靡，以致了太平一世的爱情悲剧：薛绍不爱她。

是的，绡是颜色，绡色轻浅而清晰，又略微华丽，是一切温软日子的背景。

背景里有精巧的铜香炉，以沉香屑篆就的卐形香在炉里袅袅生烟。莺啼婉转，闲庭院里晴丝袅袅，摇漾得春如线。杜丽娘整整花钿步出香闺，行进间那花儿也羞得愁颤了，鱼儿也惊得沉匿了。一阕《皂罗袍》缓缓唱来——原来姹紫嫣红开遍，似这般都付与断井颓垣……锦屏人忒看的这韶光贱！

又转片。窗外换了深秋，叶落成了一地赭红，台阶寂静。秋风纨扇冷，七夕抵眠迟。天上的织女娉婷唱着："俺这里乍抛锦字，暂驾香辎。"这是《长生殿》的背景，玉环和明皇在静静的秋光里焚香设誓，"天长地久有时尽，此誓绵绵无绝期。"

杜丽娘与杨玉环的爱情背景都该是绡色的，方衬出如许秾丽的声色。而绡天性里的哀靡又偏生只还她们一个华丽丽的迷梦。

丽娘伤春惊梦还魂，一场爱梦罢了，病至弥离犹自情深。

玉环天长地久的梦终于被马嵬坡前的一声惊雷一击而中。

情不知所起，一往而深。

幸而汤显祖洪昇们是知情至性人，总算又为她们绡就了另一个梦。丽娘死三年而复生与梦梅团圆，玉环与明皇飞升至月宫，生生世世做夫妻。

绡色就是那个舞台布景，台上《游园》《惊梦》《闻铃》《密誓》一出出咿咿呀呀唱来，唱醒了流光。

再论柔软，绡的颜色其实仍旧抵不过绡的形象。绡色是隔梦的美，而绡是眼底的柔媚。绡的质地是静而柔的，从《影梅庵忆语》和《浮生六记》的菱花镜里映出，有董小宛与陈芸的模样。

冒辟疆说，余一生清福，九年占尽，九年折尽矣。这九年里，有董小宛。小宛从那样繁华的背景中走下来，"却管弦，洗铅华"，茹素杜门，避开了那起绾黄纡紫达官显贵。即便遭遇冒辟疆冷面铁心，几度罹临不测，仍旧不悖前誓，决绝追随。

从名妓到侍妾，转身之后，董小宛静静地做着妇人。焚香，以慢火隔砂，便不见烟气亦无焦腥。烹茶，必手自吹涤，择盏如月魂云魄。冬插梅枝秋赏菊，玩月、吟诗、习字，雅好精妙。连俗务都做得秀致——制花露色如花蕊初绽；腌咸菜黄者如蜡，绿者如翠；火肉有松柏之味，风鱼有麂鹿之味；连做豆豉都既存豆之形又具豆瓣之香。如今苏州无锡一带仍有"董肉""董糖"的说法，相传竟也是董小宛发明的。

这样聪明的女子才能过出如此精致美丽的生活，以无比的静好换得了冒辟疆以半生来思念。她走后，他写："今人与香俱散矣！安得返魂一粒，起于幽房扃室中也！"极尽离殇！

冒大才子为董小宛写了篇《影梅庵忆语》，沈大官人则为陈芸写了一本《浮生六记》。

陈芸亦是"绾"质女子。

陈芸娴女红，会作诗，十八岁于归，二十三年后客死扬州，与沈复育有一儿一女。

二十三年里，无论贫穷富贵，他们都一同课书论古，品月评花，喝酒行令，畅谈诗词。

芸会联句：不过，两韵之后，便笑倒在沈三白怀里，不能成声，三白只觉得芸鬓边的茉莉浓香扑鼻。

芸会窨茶："夏月荷花初开时，晚含而晓放。芸用小纱囊撮茶叶少许，置花心。明早取出，烹天泉水（雨水）泡之，香韵尤绝。"

芸还善烹庖：瓜蔬鱼虾，一经芸手，便有意外味。芸说："布衣饭菜，可乐终身。"

三白曾刻印章两枚，上书"愿生生世世为夫妇"，他执朱文，她执白文。她去了，他必也生生世世追随着。

林语堂说："芸，我想，是中国文学上一个最可爱的女人。"

可爱的女人都是带着俗世烟火气的，爱是一生牵绾。

【释义】

绾（wǎn）

把长条形的东西盘绕起来打成结：绾结。绾起头发。

卷：绾起袖子。

控制：绾摄。绾毂（指控制交通枢纽）。

绛色；浅绛色。

草木记

将朴素日子过出滋味来方为智慧，金圣叹用了一生来了悟。

祗淡是真味

中岭香写苦涩清机射

椿

那就吃春吧，鲜鲜嫩嫩的，把一团团春意嚼碎了吞落，清清爽爽回味着，连一些渣滓都没有。吃过后，浑然接了春气地气，一派春祺。

三四月，下几场小雨吧，谷雨前后就可以吃椿了。

非得下几场雨才行。雨还没完全消停，椿芽就噌噌地冒尖了。开始还是茸茸的绛紫色，没几天就一截儿青绿一截儿青紫，在枝头簇拥着同春风闹腾。风儿一来，它又蹿了一截儿。

小时候家里的院墙后有一棵香椿树，一到谷雨，母亲就扛了高高的梯子架在院墙上，爬上去拽住一根根长枝揪椿芽。揪够一把便朝下扔，弟弟端了小米筛在树下接着，椿芽又嫩又韧，还能在米筛里砸出一声脆来。青绿青紫的嫩芽衬着米筛旧的赭黄，有无限喜气。

椿芽的做法很简单。清水涤一遍，开水里焯一下沥了水备用。拿几个鸡蛋磕了，蛋清蛋黄颤巍巍在白瓷碗里滚着，再切碎了焯过的椿芽与鸡蛋一齐打散搅匀了，搁些盐花便罢。摊蛋饼时最好用旧年土榨的茶籽油，油一热就腾出浓稠的香，把鸡蛋椿芽往锅里一倒，唰的一声长叹是油的欢声。煎得正反两面焦黄时，香椿鸡蛋就好了。若想鸡蛋煎得更嫩些，就在搅拌时搁少许水吧，保准嫩得跟豆腐似的，一滑就落肚了。摊出来的蛋饼颜色最勾食欲，金黄的底子上一些儿油绿。

可惜，我从小不吃椿，甚至不吃一切有异味的食物，莴笋、茼蒿、洋葱、芹菜、葱、姜、蒜……

"臭"，是我对椿芽的评价，后来知道真有一种臭椿，但吃不得。

对椿芽的"臭"是隔着风就排斥的，有腥味，像夏天的海边，天闷闷的要下雨，脚边是一堆臭虾烂鳖。还好，椿的臭里仍旧有春天的清鲜。每每弟弟嗫瑟地端着米筛往我身边蹭时，那臭就绑架了我的鼻息。我的嫌恶像唐僧初见人参果一样，只捏着鼻子唤："拿走，拿走。"

长大后很多年不曾闻椿臭。老家是早已变样，老房子老院子都拆迁变成旅游区，那棵香椿树也不知还在不在，大约也同老屋一起被"掠夺"。我竟一度连椿的样子也不记得了，成了煮妇后买菜，偶尔见到一小扎青绿青紫的短芽，居然要问菜贩子是什么。问明了，虽然仍旧喜爱那一团春色，总免不了嫌恶，怕那臭味跟了来。

某年春天在黔东南游历，到了午饭时间还没找到一处人家，几个人饥肠辘辘开车驱驰，翻过了不知几座山坳，才撞见一个吊脚楼，着黑苗服的阿婆在门口晒春阳打盹。

唤了阿婆求赏饭，她用缓缓的贵州话说："没得好菜，只有些腊肉、酸菜，青菜倒是屋后边就有。"

　　说"没得好菜"的阿婆大半个钟头就端出春笋腊肉、酸汤鱼、蛋饼和两个蔬菜。菜的味道也好，我们大快朵颐吃个精光。同伴吃完打着嗝说："蛋饼最香。"

　　"椿煎的嘛，那树上还有的是，不是好菜。"

　　我朝阿婆手指的方向看过去，不是一棵椿树吗？还是儿时那昂头向春风的模样，青绿青紫的芽头挨挨挤挤的，隔风犹逼过来一股"臭"。

　　回味着蛋饼味，我几乎要惊叹了。哪有一丝臭味啊，鲜香焦脆，齿颊里还有余甘。嚼的时候脆脆嫩嫩的，想来是椿芽的梗，这香也蕴藉悠长，千回百转的，像春风携了新泥新草新芽味，一团春意。

　　老祖宗造字真妥帖。而我终于吃椿了。

　　吃椿后更知道了椿的其他做法，香椿拌豆腐，凉拌椿芽，这两种做法能更好保持椿的原味。尤其拌豆腐，一青一白，豆腐嫩而清简，椿脆而浓郁，简直得算绝配。

　　春天就吃椿吧。除了椿，还有好些食材可算春食。

　　荠菜。三月三上巳节，采些荠菜煮几个鸡蛋，荠菜清香可回味到清明。若更早些采，嫩嫩的荠菜芽也可以凉拌的。

　　水芹。找一处水边，那绿盈盈颔首的就是水芹了。随便可掐一大把，择了叶，切成段，配些青红椒丝炒出来，是绝味。

　　藜蒿。藜蒿白些，搭红椒便好，最好搁几个蒜瓣，嫩嫩的炒出来有肉的味道。

　　还有蕨呢，还有笋呢，还有野藠、马齿苋、栀子花、槐花……可以置备一桌春宴了。

那就吃春吧，鲜鲜嫩嫩的，把一团团春意嚼碎了吞落，清清爽爽回味着，连一些渣滓都没有。吃过后，浑然接了春气地气，一派春祺。

椿必得算春食里的佳物，要不怎么它独享一个"春"字？

《庄子·逍遥游》说：上古有大椿者，以八千岁为春，八千岁为秋。

我想着，八千年的春秋，该是怎样椿寿呢？食椿而不老。

去趟菜市场，找找平素挎竹篮卖椿的老人，那旧赭黄的篮子和扎得齐整青绿青紫的椿芽，衬得春也欢喜了。

【释义】

椿（chūn）

落叶乔木，嫩枝叶有香味，可食。如"椿芽"，"椿龄"（祝人长寿之辞），"椿庭"（古称父亲），"椿萱"（父母的代称）。

芣

芣苢还有更多其他名字，唯独"车前子"三字有风，好文章也得有风，是一种留白，疏朗透气。

芣苢，芣苢。芣苢，芣苢。

念这两个字，像生在上古时期的小姑娘，清晨着了白袜素履，层层穿了青缥色的褒衣大裙，喜滋滋到隔壁小院门口，唤里面的小玩伴。唤的声音脆生生，答也脆生生。

《诗经·周南》里的《芣苢》怕也是这样一唤一答般的轻声唱着——

采采芣苢，薄言采之。采采芣苢，薄言有之。
采采芣苢，薄言掇之。采采芣苢，薄言捋之。
采采芣苢，薄言袺之。采采芣苢，薄言襭之。

音韵早丢，我借了王菲《幽兰操》的旋律哼着，竟比原曲调更匀净清简，有春天田间地头芣苢迎风的好，不摇曳不浮丽，仰头、浅笑，轻轻唱。这意味比兰之猗猗的王者香多了几许空灵淡然。

《幽兰操》歌词也找出来：

> 兰之猗猗，扬扬其香。众香拱之，幽幽其芳。
> 不采而佩，于兰何伤？以日以年，我行四方。
> 文王梦熊，渭水泱泱。采而佩之，奕奕清芳。
> 雪霜茂茂，蕾蕾于冬，君子之守，子孙之昌。

不敢妄言改编自韩愈诗的这首歌不好，只附庸的东西太驳杂，既是幽兰，又哪来的众香拱之？还非得用上"文王梦熊"的典，加上"君子之守，子孙之昌"缀语。我简直要以为是牡丹操、芍药操，再不济也是百合操，与幽兰倒最不搭。旋律倒是极简，适合一唱三叠反复吟咏的四字古风。换了《芣苢》尤其好，最朴素的菜蔬，最寻常的动作，只着眼于一个"采"，几个动词更迭罢了，可唱几千年。

《芣苢》的好就在于它的简。

《诗经》里有好些采撷植物菜蔬的诗歌，《关雎》采荇菜，《采苓》里的"苓"是甘草，又有戍边士兵吟出的《采薇》，女子终朝《采绿》，君子朝见诵《采菽》……只是它们都借"采"而言他。《关雎》谈恋爱，《采苓》讲道理，《采绿》诉相思，《采薇》道乡愁，《采菽》写诸侯朝圣，最隆重，篇幅也大，读来佶屈聱牙，如老夫子连篇累牍的迂腐。

唯独《芣苢》，"采"就是诗的全部，一开声，就如在旷野，平远空阔。哪里还需掺杂任何情绪、遭际、场面，它就是芣苢的样子，是开篇里我看到的小姑娘，清澈明亮，声音流出来似的，一长串，脆生生。

由"采"而"有"，从"掇"至"捋"，或"袺"或"襭"，重章叠韵，反复吟唱，只换了这六个动词。清减若此，《诗三百》中，怕唯《芣苢》。几个动词又各有气度，"采"最朴素，有布衣素服的模样；"有"最殷实，满足泰然状；"掇"最精细，一些些掐着；"捋"最干脆，伸出的这双手是泼辣女孩儿的。"袺"与"襭"揉进了兜的动作，衣襟提起来，扎在衣带上，采得的芣苢一股脑兜进去。衣服最好是素白或淡灰，衬着那样绿那样绿的芣苢。就是《诗经》的样子，这样的朴素而美好！

芣苢另一个名字倒有魏晋风，车前子。你大约得笑了，就是车前草啊，野外走一遭，遍地是。椭圆的绿叶细叶柄，贴地长着，一副憨实模样，任春风如何唤它，全不招摇。到了五六月才由正中抽出一枝茎来，顶一串绿色的小碎花，在夏风里轻轻摇晃脑袋。

车前子可以做菜，李时珍在《本草纲目》里就说了："有种车前剪苗食法，则昔人常以为蔬矣。今野人犹采食之。""野人"不是野人，是农人。

采车前子做菜得取嫩苗。初春往沃地里去寻，车前子抻开一圈的椭圆叶，可以掐尖尖，也能连根拔，肥嫩嫩的青绿简直可以直接塞进嘴里嚼。只是野地里的菜几乎都略有苦味，若不焯过，涩感必多于清香。

焯过的车前子叶变得柔软了。肉切丝微微滚几滚，车前子搁进去，略加些油盐鸡精就成了，做蛋花汤也好。凉拌也不错，香油陈醋食盐味精蒜末，筷子拌几拌便可以搛来吃了。春天吃车前子如同吃春，口腔胃肠里有清风徐来。

　　老了的车前子嚼来一把老筋骨，就剩苦涩了，只可做药了。药典里称，车前子味甘，寒，主气癃、止痛，利水道小便，除湿痹。外祖父是老中医，擅长妇科，开的方子里总少不了一味车前子。

　　芣苢还有更多其他名字，唯独"车前子"三字有风，好文章也得有风，是一种留白，疏朗透气。一位诗人、作家也叫车前子，文章里亦有风，样子也有魏晋气息，缓带轻裘的，瘦顾，薄唇，说话也轻缓。大约已过了初春年纪至夏秋了，大家叫他"老车""车老师"。若以诸子名号称呼，该管他叫"车前先生"吧？或者，初春时叫"芣苢"，夏秋为"车前子"。

【释义】

芣（fú）

古书上指"车前"，见"芣苢"（fúyǐ），亦作"芣苡"（fúyǐ）。多年生草本植物，开淡绿色花，叶和种子可入药。

艾

陈艾真是老人的模样。此刻的艾香不是小清新，不再泼辣辣咄咄逼人，却益发陈而厚，略有苦气幽幽发着。一旦熬煮或焚炙，便可包容整个空间，你只需在她的香里静坐即可，空气里一点点馥郁起来的陈香，亦是老祖母慈爱的手掌一般，可抚人世沧桑。

我写过一个未完成的小说，开篇的空气里就弥散着艾草香，孩子们扎了红头绳脖颈上挂个兜在五彩络子里的咸鸭蛋撒了欢儿地到处窜。我原本想写一个弥漫艾香的故事，孩子们雀跃地傻乐，大声念"五月五，是端阳。门插艾，香满堂"，却写出了艾草的苦。这是小说未完的主因。

艾草的样子就像遇着穿布衫子扎羊角辫、两颊酡红的小姑娘，有旧时气息，又新鲜十足。她在阳光里站着，见人来了躲在墙角睁大了眼悄悄瞅着，只瞅着，再眨巴眨巴。等你迎过去，她也不逃，羞涩笑笑，眨巴眨巴眼大大方方看你。背光映着她脸上细细的绒毛泛出金色，若再有微微汗，绒毛间会有小彩虹吧？

初春，艾草是趴在野地里的，茸茸绿绿漫成一片，有些羞涩还偏又霸道，尽往丛草间躲，又渐渐成了杂草们的荫庇，甚至夺去了草们的领地，驻扎下来年复一年繁衍生息。

"趴着"的新艾可以吃，香味也新，香里有泥气也有露气，鲜得要沥出来似的。你凑过去想看它的鲜香由哪儿滴出来，那叶尖尖上顶着露珠，一颤就沿着叶脉滚落到柄梗，只叶面细绒上可见一条痕迹，阳光映着像平白多了一道泪痕。任你怎样，还是没找见它的香，只觉得见了那样一个小姑娘，小姑娘也有香呀，可是你几曾见到香？香也像露珠一样，一滑而过，藏进叶脉叶梗细绒里去了。

采新艾是件快乐的活儿。新艾嫩，贴根掐就是，哔卜就是一兜，几分钟就能得一大把。这会儿丛草间漫溃着艾香，总算见着香了，你手纹里的鲜绿，有颜色有形迹，还一股子喜气。

新艾采回家做艾叶粑粑，焯过水切碎了揉进糯米粉里团成团压成圆粑粑，蒸炸煎都成。剁了肉拌了葱搁了胡椒放了盐再滴几滴香油搅拌成馅，将艾叶糯米团捏成薄皮，包裹了馅料捏紧实了，上了屉笼一蒸，艾蒿米饺就熟了。粑粑和米饺都是青绿色的，连带蒸腾出的热气似乎都绿了。这时的艾香也不是新的了，是油熟的鲜香，咬一口那香就滑到肚子里去了，一整个嚼完吞下后，怕是肠胃都染了青绿的香，却也是油熟的熨帖。

端午的艾不是小姑娘模样了，细长腰杆直挺挺的，叶片疏朗地迎风招摇，英姿飒爽地仰头笑着，睥睨脚底下所有永远匍匐着的杂草。新艾长成了泼辣的大姑娘，连香也泼辣辣，夺人鼻息。

突然想起《诗经》里的《采葛》，"彼采艾兮，一日不见，如三岁兮！"这个采艾的姑娘必然也有着端午时成熟艾草泼辣辣的俏丽模样，远了念近了想，你再切近些她便瞪了圆眼，生生把你吓退了三步。爱也不能罢，恨也不能离，一日不见如隔三秋。

老人说艾草除秽驱邪，大约也是因了这泼辣。艾能医病，亦是笃定的。《孟子》说："七年之病，求三年之艾"。虽说是以病征喻治国，但足见艾草之疗效。

孟子的"三年之艾"是陈艾。每年端午，母亲买了大把艾草、菖蒲、苍术、白芷熬了大锅药汁给孩子们擦洗，说一年都不招蚊虫不染邪毒。又拿红绳子绑一把艾草在门口悬挂了，到了第二年端午将这把收到阁楼上，再挂一把新艾。无论我存了多少异议，她总坚持。我有些疑心那些陈年的艾会在阁楼上消弭成一把碎绒，随岁月一并去了。偏每每需要时，母亲就爬上阁楼踅摸一阵，下楼后自在厨房里捣鼓，只听得几声草木枯枝折断，一小忽儿水声，一会儿就可闻到满屋艾香了。胃疼了，女孩痛经，夏天蚊叮虫咬，冬天泡泡腿脚……它像你素常总见的一个老人，不经意就扶你一把。

陈艾真是老人的模样，是老祖母，细长皱皱枯干，老叶蜷曲几乎一揉就碎，便只剩手心里一撮细绒。就是这苍老至祖母年岁的陈艾，你要想折断它看似枯干的茎秆还需几分力气，那细绒可是任你如何撕扯也扯不断的。此刻的艾香不是小清新，不再泼辣辣咄咄逼人，却益发陈而厚，略有苦气幽幽发着。一旦熬煮或焚炙，便可包容整个空间，你只需在她的香里静坐即可，空气里一点点馥郁起来的陈香，亦是老祖母慈爱的手掌一般，可抚人世沧桑。心也清了神也醒了，邪魔亦不侵了，它是人间正道香，照拂苍生。

艾草药汁自然是苦的，奇苦，饮后漱一回口，含三颗红砂糖，舌根里还藏着苦，几乎将日子里的所有苦都盖过，你的那些疼渐渐也被这些苦驱逐了。突然想起，新艾并不苦啊，粑粑和米饺里的香犹在舌尖滑过呢。终究是时光陈厚，它须汲了苦存了苦来医莫名病，用心笃甚。

年年春来艾草便生发，一片葳蕤葱茏，任你雨水淋漓或连年干旱，它只恣肆往高里阔里蹿。从小姑娘长成大姑娘再老成老祖母，模样，裰子，微笑，气息，都是家常的，一如世事本相。

想着艾草旺相，不免记起白居易一首诗，写他种兰，却偏生一旁长出一丛艾。于是乎，"香茎与臭叶，日夜俱长大。锄艾恐伤兰，溉兰恐滋艾"。老白陷入无尽纠结，作了这首《问友》。艾草何须滋灌，兰花又如何能与它夺得芳香？如此看来，老白竟也是俗人。

【释义】

艾（ài）

多年生草本植物，嫩叶可食，老叶制成绒，供针灸用：艾子。艾蒿。艾绒。
止，绝：方兴未艾。
美好：少（shào）艾（年轻美好的女子）。
姓。

苋

这香笃定温润，是人世烟火中熟识之人，
你只觉得莫名亲近。于是乎，搛了一筷子
又一筷子，像对着故人饮黄酒，喜不自
知，把盏忘了歇。

"冬苋菜吃了几茬，天再暖些，过了小满就可以见着苋菜
了！"母亲前日坐在餐桌前，口里嚼着冬葵，念着苋菜，如同念
着家中的小辈。我家乡管冬葵叫"冬苋菜"，大约是为与小满过
后紫不棱登疯长的苋菜区分吧。

我一直以为这俩是姊妹，只一个冬天生，一个夏天长，于是
便如"冬儿""小夏"区分一下。前一阵才查过《辞海》，冬苋
菜其实压根与苋菜没有一丁点"血缘关系"，它是锦葵科，锦葵
属。而苋菜才是正经的苋科、苋属，血统纯正。

并非姊妹的冬苋菜和苋菜一直是我家的桌上"客"。儿时，
祖父为哄我吃冬苋菜，曾正色地道："金圣叹都说了，冬苋菜和

蒜煮，有肉的味道。"我于是果然吃出了肉味。尽管后来知道这只是祖父糊弄我嘴巴的招儿，借金老夫子的口罢了，却仍旧爱了冬苋菜被唇齿裹挟进胃肠里荡起的清鲜。

我吃苋菜倒从没让祖父"操心"过，往往见那乌油油紫红来墨绿丝的一碗，就赶紧伸箸搛一筷子搁进嘴里了。我自幼便是"好色"之徒，看景识人，连吃食都得先有"色相"。苋菜煮出来不但乌油油一碗紫红，连里面肥白的蒜瓣都能染成粉嫩的红，像肥肥白白的小闺女眉心点一颗红记，看着就可喜。

"炒苋菜没蒜，不值得一炒。"这是张爱玲的话。想来，这位连穿衣都宁要"葱绿配桃红"的女子炒苋菜必搁蒜，一多半也是为这一些儿可喜的粉嫩吧？

苋菜炒一碗，是真真有红香绿软模样。嫩嫩的一把洗净了，切两颗蒜瓣候着，待油热搁进去，紫红油绿水灵灵的苋菜一股脑投入，"欻啦——"的一长声，再挥一两铲撒些盐，拿个素白盘子盛了。单看那色，你的唾液腺就开始物理性地条件反射了。油汪汪软塌塌紫颠颠绿澄澄红粉粉白嫩嫩，哎呀，这世上哪还有比它更好看的菜蔬？那白盘子边缘一些儿粉红的汤汁尤其爱煞人，像女子嘴上的胭脂，鲜亮得诱人，你总忍不住上前去，想踏踏实实嚓了，吃一嘴红。

就搛一筷子吃吧！与那紫红油绿的嫩茎叶一样，苋菜香也是软软嫩嫩的。吃苋菜几乎全不用嚼巴，就使舌头裹着，唔吧唔吧软软地咽下去了，舌面上齿颊间滑过一阵软糯香。这香笃定温润，是人世烟火中熟识之人，你只觉得莫名亲近。于是乎，搛了一筷子又一筷子，像对着故人饮黄酒，喜不自知，把盏忘了歇。

春天倒有另一种蔬菜也是紫红色，红菜薹。不过，我却总对红菜薹有些嫌弃，乌紫遢遢的不清爽，长长的菜薹梗子倒脆，仍是少了一分鲜。菜老了才抽薹，鲜总是减了许多吧？

苋菜里也有不红的，那是白苋菜。白苋菜全不是白色，而是一水的青绿，清炒也搁蒜，一白盘子的青鲜亦惹人。不过，紫苋菜是俏女子，白苋菜是俊小子，嚼起来，小子自然不如女子，紫苋菜一股子女儿香。

无论青紫，苋菜总是俗世里的好。据说北方没苋菜，我伯父年轻时就远去太原，隔几年回乡，最想念的居然是苋菜。祖父在时，总在屋后小畦里种菜，年年春夏，苋菜便是常见客。一畦密密实实的苋菜，绿里透着紫，嫩秧子时就间着掐了吃，待将端午伯父也大约要回来了。伯父要自己去摘苋菜，祖父便在他身后看着，那时伯父尚壮年，便如苋菜叶里的青，祖父是那深重的紫。如今，伯父已至当年祖父年纪，而祖父已去经年。蒜瓣炒苋菜总有旧时香，其实，真是你熟知的亲眷，年年春夏，它便来探你，一慰你的思肠。

苋菜家族尚有一些远亲，刺苋菜和野苋菜是表姊妹，马齿苋怕是跟冬苋菜似的出了五服。不过，马齿苋跟刺苋菜和野苋菜都是野地里长的，也野得汹涌澎湃的，但凡哪一块土里长出一两棵，来年必得漫生出一片，经雨后，黄花如星布。大约具了野的秉性，刺苋菜、野苋菜和马齿苋总不及苋菜那样软糯，香也野，还有一丝泥腥气，搁了蒜也掩不去。还是苋菜，家常的好。

清人萧雄一首写菜蔬的诗我大爱："几畦蔬菜不成行，白韭者葱着意尝。萝菔儿情秋色老，蔓菁缥贮隔年香。""蔓菁"便是苋菜，虽然换了这么饶舌的两个字，但隔年香仍是心心念念的。

小满过后就可以见着苋菜了！

【释义】

苋（xiàn）

一年生草本植物，茎细长，叶椭圆形，开绿白色或黄绿色小花，茎和叶可食。

声色记——最美汉字的情意与温度

荇

微微赭红的茎，青绿的半老叶儿护着青赭的嫩芽儿，在风里朴素端庄地笑。嗅了嗅，气味也好，有些许拙，些许敦厚，不是聪明到油滑的香，如野地里生的敦实男孩，一笑露出白牙。

　　我实在是不识草木的，除了常见的荠菜、车前草、紫云英、桃儿、枣儿，其他几乎都不认识。

　　高中时在学校寄宿，食堂的饭菜吃得寡淡，就溜到校门口吃小炒。十六七岁正是不走寻常路的年纪，我又满脑子的奇想，一拐脚就去旁边的田间地头寻野菜。尽管不识，心里想着，菜都长得标致，那些标致的野花野草必也吃得了。

　　已入夏，车前草老得快，从媳妇儿变成婆婆，荠菜更是挺着硬邦邦的细身板抻着老胳膊老腿了。好歹掐些车前草尖尖儿，其他标致的也拔一些。又遇见一种才露些小鸡冠花样的野菜，满地里窜开了似的，四处星星点点。它们的模样都是正经标致的，不像一些野草牵牵连连无章法地蔓延，也不似一些明白不能吃的植物长了一副媚态。微微赭红的茎，青绿的半老叶儿护着青赭的嫩芽儿，在风里朴素端庄地笑。嗅了嗅，气味也好，有些许拙，些许敦厚，不是聪明到油滑的香，如野地里生的敦实男孩，一笑露出白牙。就它了，我拣那没顶花儿的掐，极鲜嫩。

车前草、"标致菜""小鸡冠花菜"（我嘚瑟地给不知名的两种野菜取了名字）共计三种，前两种清炒，后一种做蛋花汤。出菜时，蛋花汤最美，青绿青红夹杂着嫩黄嫩白，秀色即可餐，一股子喜气。

车前草毕竟老了，一嚼巴一口筋骨。"标致菜"大约过于标致了，一大把一炒便"缩水"成一筷子，撷一些掬进嘴里，差点以为错采了黄连，苦得将悲从中来。蛋花汤倒实在不错，那拙而敦厚的味儿煮透了又换成一股子清鲜，滑软的，老老实实由内里渗出来。与鸡蛋搭了尤其好，不但色泽，还有老实而鲜亮的模样，还有二者可互相包容的味道，入口生香。唯有一样欠了，大约该焯一下水，总还略微有些涩。

回家颇为得意地同母亲谈到采野菜的事，她将我好骂了一通，扔给我一本《本草纲目图谱》和一堆外祖父手抄绘的医药书，让我读书自省。我赌气随手乱翻，一翻便翻到"断肠草，全株有剧毒"，模样标致得很——惊得我几乎头皮毛囊突起，便开始潜心"学习"。对照图谱，那"小鸡冠花菜"居然有个好听的名字——青葙子，有《诗经·国风》的朴素明媚。

外祖父的手抄小楷亦有青葙子一般的素净。他写：青葙子，性微寒，味甘微苦，无毒。祛风热，清肝火，明目退翳。……

母亲知道其中一种是青葙子后，倒带我去野地里蓝摸了些回来，说性寒夏季最宜。她给我做了一回青葙子炒肉丝，用滚水略微焯过，果然只剩清香再无涩感。朴实干净的气息几乎可以浣去这具皮囊里的浊，唯剩了最初的清洁。

后来好些年都不曾再吃青葙子，夏天偶然在野外走，总能见它们撒了欢蹦跶得田间地头都是，略紫红的小鸡冠子在风里一齐一啄一啄，看得欣欣然。

有一年立心啃《三国志》。读至《魏志》，有一位号"青牛先生"的隐士百岁有余了，仍年如五六十，因他"常食青葙芜华"。青葙子竟还有长寿功效？又不记得在哪里读到一段，说女子常吃青葙子，必会吐气如兰，美颜瘦身，改变风韵。简直是清风嘉物了！

那时我正在乡村，青葙子又是邻家小子般随处可遇，就隔三岔五采了来，自创了许多青葙子菜肴，做汤羹，清炒，佐肉，甚至熬粥。

大爱两款，虾皮豆腐青葙羹、小米青葙粥。

虾皮熬了白汤，嫩豆腐切块在汤里微微烫熟，青葙子焯过切碎出锅前撒进去，勾了芡滴几滴香油搁少许盐。羹清白而浓稠，虾皮的丰腴香也并不能夺了豆腐与青葙子的简素。

小米粥熬到将关火时，将青葙子一样地焯了切碎，匀匀地撒到粥里，可做白粥就咸菜也可搁盐。好的是小米与青葙子的互相渗透，喝一碗粥便觉现世清平，笃然安稳。

其实，青葙子还有一个名字——姜蒿，我却不喜欢，一派颓然。

【释义】

葙（xiāng）

青葙。一种一年生草本植物，高二三尺，叶互生，卵形至披针形，花淡红色，供观赏，种子可入药。

萱

萱草有雪青、鹅黄、橙红几色，在早晨的
阳光中微微颔首，真是很周全的爱的模
样。

白乐天有两句诗"杜康能散闷，萱草解忘忧"，最是通俗得好。他这首诗里还有两句更好——借问萱逢杜，何如白见刘。

当白居易遇上刘禹锡，便如饮了杜康，见了萱草，苦闷忧愁皆忘怀散尽，是知己之遇。

杜康，我知道，是名酒。萱草呢？萱草就是黄花菜。好酒之人，见到杜康与萱草两个词，必酒虫蚀骨而浑然不顾萱草。而于我，萱草则是童年最美的回忆，带露的芬芳。我们叫它黄花菜。

爷爷爱侍弄花草，还在屋后开辟了一小块菜园，初夏专种黄花菜。我从来不知道爷爷是什么时候撒下种子的，等我知道那园子里种的是黄花菜的时候，已经一畦碧绿顶着一茬儿青绿青黄的小花苞了。黄花菜的枝叶就美丽，纤长碧绿，衬着墙根深绿的青苔舒展披拂。那秀颀挺直的茎擎着细锥形的花苞，在春末夏初的晨风里摇头晃脑。

当黄花微微绽开，就是采摘季了。几乎大半个月里，爷爷天天清晨喊我起床去摘黄花菜。我一骨碌爬起，趿着拖鞋揉搓着惺忪睡眼，操起一个小米筛就往屋后跑。小菜园草间的晨露濡湿了我的脚丫子，凉丝丝的，所有睡意都跑掉了。黄花菜叶的清香花的甜香，在清晨洁净而微微湿润的空气里，将人整个儿包裹起来。开始掐花了，握住整个花冠，轻轻一折，带露的花儿就落入了我的小米筛。鲜黄花菜在水里焯一下便可入汤羹，滑滑嫩嫩，齿颊喉舌乃至胃肠都得了这芬芳的清供，顿感满肚子春光，熨帖而自足。

这种漫至肠胃的满足感便是黄花菜之忘忧吗？黄花菜就是萱草。萱草又名谖草，"谖"即是"忘"。若从字眼里理解为忘忧，我宁可相信我的味蕾及胃肠功能，因为它们至今犹有对这种满足感的记忆。有多少淡淡的忧伤，也穿肠而过了。

刘禹锡在《赠乐天》里将白居易比作萱草，相见即可忘忧。白乐天大约笑了，回一句：借问萱逢杜，何如白见刘。

萱草与杜康，白乐天和刘梦得，谁是谁的萱草，谁又是谁的杜康？萱草与杜康，于他二人的情谊而言，只是一个符号罢了，如杜康已经成了美酒的符号。

一年春将尽，又是萱草开花时。到哪里再去寻我记忆中那一园子绿叶萋萋、黄花灼灼的萱草？还有，那个端着小米筛在晨露里奔跑的小女孩，和她身后微笑的有着清癯面容的老人。我忘了忧，却不曾忘了祖父。萱草忘忧不忘情谊，必是这样。《诗经·

伯兮》有"焉得谖草？言树之背。愿言思伯，使我心痗"的句子，将萱草与相思比并，虽言希望得萱草而忘忧，其实相思难忘。

萱草亦是母亲花，从《伯兮》里的相思，迁延至母爱至深。如那位写《游子吟》的孟大诗人，还有一首《游子诗》，便写："萱草生堂阶，游子行天涯。慈母倚堂门，不见萱草花。"古代游子要远行时，就会先在北堂种萱草，希望减轻母亲对孩子的思念，忘却烦忧。于是，萱草便指代母亲或母爱。父亲亦有一样植物，椿，古人以为大椿长寿。父母合称"椿萱"。前几天看天香版昆曲《牡丹亭》，杜丽娘临死前声声叮嘱父母，唱至"愿来生把萱椿再奉"，我简直心酸得可拧出一摊水来。萱草有爱，爱才动人。

萱草有雪青、鹅黄、橙红几色，在早晨的阳光中微微颔首，真是很周全的爱的模样。

【释义】

萱（xuān）

多年生草本植物，叶条状披针形，花黄色或红黄色，供观赏。亦称"金针菜"；简称"萱"，如"萱堂"（借指母亲或母亲居住的地方）。"萱椿"（指父母）。

葵

祖父说"冬苋菜和蒜煮，有肉的味道"时，确乎有些慧黠，但未必不是同证。将朴素日子过出滋味来方为智慧，金圣叹用了一生来了悟。

今晚，持葵做汤羹。

此葵并非"青青园中葵"那个葵，它的名字叫黄秋葵。模样像辣椒，又像小青瓜，略有棱角与茸刺，属外来蔬菜。因自有黏液，做羹极好，全不用另勾芡便黏稠滑嫩，入口爽脆而清香。我还往羹里搁了些干贝提鲜，黄秋葵的小清新遇见干贝的馥郁香，别有风味。如眼见了小龙女与杨玉环携手来，叫你满腹里喜滋滋，窃笑穿肠荡过。黄秋葵还可清炒、凉拌、佐肉，比我们那叫"葵"的最古老蔬菜好，葵只好煮食。

"葵"曾是我们老祖宗主要的菜蔬，"青青园中葵""采葵持作羹""七月亨葵及菽""种葵北园中""葵生郁萋萋"，入诗一串，像如今的萝卜白菜一样，家常。葵现在也常见，我们叫冬苋菜。

小时候祖父种点菜，小菜园就开在屋后，韭菜、莴笋、丝瓜、黄瓜、辣椒、番茄、四季豆、上海青、黄花菜……四季都可以吃到现摘的时令蔬菜。每到岁末年初总有一段青黄不接，大白菜可以吃腻歪，萝卜吃到发颅，肠胃都闹饥荒。唯一样菜可救冬的颓势——冬苋菜。

深秋它们便从油肥的土里抻出小巴掌，给这时节的寡素衬了零星绿，在褐色土坷垃上茸茸软软一点点生长。等大白菜也割了储起来，它们就如敦实的青年了，一畦地都是端然的绿。那巴掌也愈加厚实，绿从脉络里汪出来，是经冬的喜气。这绿又是质朴的，即使在寡冬也丝毫不佻佻，只让你笃定，不慌。敦实的冬苋菜亦有着青年的勃发与生命力，在冬天里只横着长，把一块地都涨满了方才罢休。凄风苦雨寒霜冻雪都于他无碍，他只憨憨地笑笑，撑足了大巴掌迎着。

这时就可以摘菜了，嫩尖尖的掐了，阔大的叶细长的柄，茎秆也肥实，还沁出一些清绿的黏液，腻滑得好玩。一把捋得齐整时又像乖小姑，巧笑着仰头看你。自家的菜是不用如何洗的，清水里过几遍，青灵灵的，简直要活泼泼笑出声来。叶片上的细绒这会儿更似小姑未经长开脸颊上的绒毛，过水后丝丝清晰，看得人心里一阵软软的暖和。

冬苋菜不同于其他蔬菜，得煮透。

肉丸冬苋菜汤是祖父常做的。瘦肉剁成末，拌些生粉团成小丸，为取肉的本味，任何作料都不搁。肉丸子与生水一同煮出鲜味就放冬苋菜了，同时搁进去些炼化的猪油，看那盈绿的菜叶在沸水里委顿，汤里肉里都掺了青绿，撒些盐就出锅。切不可让冬苋菜的绿老了，老了不但看相差了，吃进嘴里如吃菜泥，连鲜味都没了。

冬苋菜豆腐汤也不错，只是豆腐宜嫩，煮出的汤色更好，清白。虽少了肉香，但豆腐和冬苋菜互相绾和，清新可俯仰跌宕，肌骨也生香。

若肉和豆腐都无，带汤清炒也是不错的选择，不过得有蒜瓣。啖着冬苋菜时，祖父笑说："金圣叹都说了，冬苋菜和蒜煮，有肉的味道。"我仔细品品，似乎真有肉香，更大口吃着。

后来读书，似乎见金圣叹说的是："豆干与花生同食，有火腿味。"又有人说老金对儿子交代："咸菜和黄豆一起吃，有核桃的味道。"大约各地有各地糊弄自己嘴巴的招儿，借金老夫子的口罢了。金圣叹对儿子的告诫无非是过朴素日子，他一生放荡不羁，临被砍头时方悟出这理，殊为可叹。豆干、花生、咸菜、黄豆、冬苋菜、蒜瓣都好，是真朴素。

如今想来，祖父说"冬苋菜和蒜煮，有肉的味道"时，确乎有些慧黠，但未必不是同证。将朴素日子过出滋味来方为智慧，金圣叹用了一生来了悟。

白居易有一首古风专写烹葵，其中有几句极好——

贫厨何所有，炊稻烹秋葵。

红粒香复软，绿英滑且肥。

粗粝之食亦有红香绿软的好。

【释义】

葵（kuí）

本义植物名。指"冬葵"，古代主要的蔬菜。《说文》："菜也。"也指"向日葵"。

蔷

就因了这韧性与棘刺，它得以与时间长久相处，只始终未找到与人亲近的方式，一旦太亲近便伤人伤己。它又是真爱这个世界，你看藤条枝丫上努力开满的花就知道。

读胡兰成的《闲愁万种》，写到一年轻女子美丽如江南水仙，清无点尘，不由得想自己该喻哪种植物。断不是水仙，无那美丽。我该如野蔷薇，咋咋呼呼地开花，其实匍匐着，又顽强到即便扦插在贫瘠的土地上也活得张扬而快乐。又有一身棘刺，与人疏离着，偏又热忱，总想捧出所有最洁白的花。

我大约真是野蔷薇样子吧？无艳姿，无柳影，天地万物中最大众的植株。初生时也娇嫩，迎风颤巍巍羞涩浅笑。岁时更迭，物竞天择，风雨冰霜磨砺苦痛，都是必然遭逢的，于是，渐渐由柔而韧，渐渐低头盘旋，渐渐生出枝节、棘刺。也开好看的花，洁白、粉白、粉红，也结果，好看的橘红色，却仍旧倔强到满身茸刺。但就因了这韧性与棘刺，它得以与时间长久相处，只始终未找到与人亲近的方式，一旦太亲近便伤人伤己。它又是真爱这个世界，你看藤条枝丫上努力开满的花就知道。

野蔷薇真真是披一身荆棘闯荡江湖，我亦如此。会为一段爱情丢了工作抛弃所有，跑到小城投奔他，为生计做了歌舞厅放光盘打灯的，幼儿园、小学代课老师，开过不起眼的小服装店，一个人跑广州睡候车室进货回来拖一个比我大了三倍的黑袋子，居然还做过半年门卫，天天开门关门收发，便练字读书……终于工作落定，爱情也修成正果，十余年后竟满身伤痕。又倔强出走，往更远的江湖闯荡，再遭遇形形色色的棘刺。我或还以棘刺，或无法抵挡被刺出血来就擦擦歇会儿再走。走到今天，看看周遭竟惊异发现，我已经盘踞了很大一片区域，藤条已经坚韧得寻常都折不断了，棘刺越发老辣，植株越发蓬勃，满树花开得灼灼粲粲，是蔷薇花，我只是身具了野蔷薇之质。

记得好几年前看过一部日本电影叫《常开野蔷薇》，虽然以店铺名称命名，其实讲几个具有野蔷薇韧性和遭际的女子。故事发生在高知县的一个渔港小镇，刚刚离婚的直子带着女儿回到了故乡，便在母亲胜子经营的美发店"常开野蔷薇"帮忙。美发店是小镇上中老年妇女的聚集地，她们在这里肆无忌惮地谈着爱情、性和男人。日子就这样一日复一日地混着，像一座破钟永远有一下没一下摇着钟摆，时间都拖得缓慢，却总也看不到它干脆坏掉的那天。直子还有两个一起长大的朋友，小美和小友，生活也不见得比她更轻松。小美和丈夫阿久一起经营着一家酒吧，阿久竟公然与店里的酒女勾搭上了。小友的男人是个赌鬼，欠了一身赌债消失了。

一天，小美将丈夫堵在情人旅馆门前，终于愤而开车撞过去，幸好两人都只受轻伤。小美对丈夫说，你活着，我就活着。

在丈夫失踪多年之后的某一天，小友乐呵呵跑进美发店对直子说："我老公在森林里找到了，不过就是已经死了。"小友还说，人是会死两次的，一次在停止呼吸的时候，一次在被人们遗忘的时候。

我静穆地坐在电脑前看了近两个小时，她们的泪里都带着笑，会笑着说，没什么，以后我们过我们自己的生活吧！真是野蔷薇的模样啊，在风雨荆棘里仍旧常开常艳。

对于野蔷薇，人们却都只看到花，看不见开花的艰辛。我读过白居易的几首蔷薇诗，都写得旖旎缠绵，"风动翠条腰嫋娜，露垂红萼泪栏干"。若不是有"翠条"二字，读来竟像海棠或其他原本天性娇柔的花。男人们终是只看到美丽，老白等也不例外。

记起小时候玩的一个游戏了，每年初夏野蔷薇开花时，我们都会折几根新发的细竹，小心地掐了野蔷薇花朵，将花插在竹枝梢。野蔷薇便没了棘刺，顶在竹枝上真是"风动翠条腰嫋娜"。那时，哪里知道野蔷薇要经这些遭逢，如每个人的际遇。

没有哪一样生命可以恒久地飘浮于云上，我们需要清醒、快乐而恣意地活着。

【释义】

蔷（qiáng）

蔷薇科。落叶灌木。蔷薇属（Rosa）的一种植物，形体直立、攀缘或蔓生，植物茎通常有皮刺，叶互生，奇数羽状复叶。

这种植物的花。有单瓣、复瓣之别，色有红、粉红、白、黄等多种，初夏开放。

栀

栀子花像个小妇人，香里满是爱意，无微
不至包裹你，温柔而又霸道。记得小时候
读《红楼梦》说袭人名字的"花气袭人"，
我唯一想到的就是栀子花，真是袭人的
香。

家乡在湘南，一座林中之城，从年头到年尾见得最多的便是
满目青绿，腊月都不例外，这是被山包裹着的小城莫大的福祉。
还有一样是四季见花，并非仅限于园林布局的时令花，山上有各
种野花。夏秋两季则花香跟人一起在街巷里溜达，五月、六月是
栀子花，七月、八月是姜花，九月、十月是桂花。无非有人挑了
竹担子一路走，也不用叫卖，循着香就找上去了。价也不高，几
块一把买回去可以插好几天，连带着满屋子都香了。三样花香又
各不同，桂花貌不惊人，香也氤氲着却馥郁得稳重，可以壅塞了
时间和空间。姜花模样清气，香也清，徐徐侵入鼻息顺带着把人
内里的浊都涤清了。它就是清洁女子，你只靠近就好。栀子花像

个小妇人，香里满是爱意，无微不至包裹你，温柔而又霸道。记得小时候读《红楼梦》说袭人名字的"花气袭人"，我唯一想到的就是栀子花，真是袭人的香。

从几年前迁至异地，花香满街巷的清享就再不得了，住地是工业城市，连山都不见，好在各个街角小区尚有花看。乙未年初夏的梅雨冗长，一阵湿热一阵干脆就天地全湿哒哒，心都濡得要滴出水来，又渥热得一股子霉气。还好有花啊，绣球花正当季，碧绿的阔叶子底下藏一个或白或玉或浅绿色的绣球，每一朵小花都怯生生笑，隔天就笑成粉红、浅紫、淡蓝色，再睡一觉就玫红、紫色、蓝色了。最是绣球花能演绎女大十八变的模样，女孩的童真换了少女的淑贞，又熟成少妇的妖媚，自然老了都不经看，女人和绣球都萎败得面目可憎了。绣球插瓶最好看，弄个圆肚的玻璃瓶或瓷瓶插上几枝绣球，看它从少女长成老妇，有独占一个女子一生美丽的窃喜。只可惜绣球无处买，小区里开的几丛偏不敢摘，天天去看似乎可解相思，又有瓜田李下之嫌。

这座城还有一好，居然好几条街两侧全种着栀子，简直香了半城。这便让梅雨季也透了一缝隙的气，在这一道缝隙里捡得了一身香。街边的栀子花大约都是小人国来的品种，叶小花也小，原本椭圆泛出绿蜡光的叶近乎针叶了，绿蜡光也不见。小时候见的单层白瓣花变成了复层，倒开得咋咋呼呼的几乎白花掩了绿叶，让你弄不清本该是叶衬花还是花衬叶。路边栀子还有一点不好，花叶都浮着一层尘，在人世里沉浮了一遭也染了俗模样。只好盼一场雨，将栀子浮尘浣去，一朵朵和田白玉似的花便丰润了，叶子也见了油绿。

这种栀子花终究显得小家子气些，不如大花栀子。老天好似知道我的遗憾，近来单位大门前便排了两列，偏也因为大花且白，便有人忌讳白花不吉利，说开了花就要掐掉。我喜得像过节，每天下班便蹲在花下寻将开的苞，折了回家插瓶，终又有了独占的窃喜。大花栀子的确大，复瓣端庄雍容，香也秾丽。记得韩愈有一句"芭蕉叶大栀子肥"，当时读觉得这位老先生文章了得，于诗上还欠了些灵气。现下看来这个"肥"字跟李清照的"绿肥红瘦"一样，倒极贴合。大花栀子肥肥白白的模样衬了绿蜡般的椭圆叶，竟有些憨态，若沾些雨就灵动了，香也更丰腴。

摘回的栀子花插在旧日逛一个老村时捡得的油盐罐子里，老粗陶的陈迹，新栀子的莹白与油绿，真是这一季梅雨里最好的清供了。再取出老铁壶煮一壶老黑茶，坐在花香茶气里夤夜读苏轼尺牍，每寥寥几句可就花香咽茶了。老苏是自带香气的，寓僧舍茅屋苦也超然。读至凌晨，四周已沉寂一片，茶也残了，唯余栀子香仍旧是初始的白。

栀子插瓶只能香两日，第三日就萎黄了。记得小时候栀子是结果实的，手指大小顶着几根长须般黄澄澄的果实，我们叫黄栀子。母亲会拿黄栀子浸出黄汤做千层糕，米糕一层黄一层白，又香又好看得馋人。据说，黄栀子还可以染布，我倒没见过，想来染的布也有一重栀子香吧。

栀子花还可做花馔，有煎炒烹炸各种做法，如栀子煎，名字很好听也好看，无非蛋清面粉调匀了裹一层过一遍油炸出来，酥脆地裹着栀子香。居然也有青椒炒栀子花的，真是湖南人的菜，只剩了辣味没了花味。在湘南时，我买栀子花会多买一把，一把插瓶一把用来做栀子蛋花汤。做法清简，栀子花去掉花蕊涤净了淡盐水泡泡，蛋花汤一开锅便搁进去，略撒点盐淋些香油就成了。花与蛋花都滑软，黄黄白白的，是一家子的模样。

【释义】

栀（zhī)

常绿灌木或小乔木，夏季开白花，有浓香。果实卵形，可入药，
亦可作黄色染料。

槿

单瓣木槿是真简静，即便朝开暮萎瞬息芳华，仍旧清浅笑笑，微微颔首，在纯净的阳光下噙着自己的小欢喜——旧光阴的小欢喜。

我如今不喜欢木槿花，因为它朝开暮谢颜只瞬息。

小时候其实还挺喜欢，不过是单瓣木槿。单瓣木槿只粉粉嫩嫩的五瓣，中心五点红，像古代女子唇上一点红胭脂，你会忍不住像贾宝玉似的要去吃一嘴。红芯芯里还一点鹅黄蕊，真真有花蕊夫人的娇模样。每一片花瓣纹理都清晰可见，亦像女子吹弹可破几可呼吸，略带细绒毛细血管隐约可见的透白透红脸。若再带些朝露，便更惹人怜了。单瓣木槿总还算得个美人儿，即便同样朝夕即谢，凋萎也只蜷缩了，由粉变紫，不讨人嫌。

复瓣木槿就不一样了，一到夏天开得正炽时，一大朵一大朵撑开繁复的花瓣，涨满成了一张富贵臃肿的脸，一棵树上挂了无数。还爱笑，笑成了层层叠叠的褶子，偏还自觉得美得不可方物，一有风就招摇，更雍容得俗了。不单木槿，茶花荷花也一样，栀子花也一样，连夹竹桃也一样，现代园艺技术把花儿们都弄成这般俗模样。不是所有的花都可以雍容成牡丹芍药，木槿还是单瓣好。

从前的木槿都是单瓣的，一根枝丫只一二花朵，清晨怯生生地开傍晚怯生生地收，过一两天再悄悄地跌落。如过往的光阴，安静而轻缓。

《诗经·郑风》里有篇《有女同车》，便写过往美好，是一首《诗经》式的"从前慢"。

有女同车，颜如舜华。将翱将翔，佩玉琼琚。彼美孟姜，洵美且都。

有女同行，颜如舜英。将翱将翔，佩玉将将。彼美孟姜，德音不忘。

"舜"是木槿，所谓美人就是颜如木槿。

身边伴着一位如木槿般的女子，一同乘车、行走，她温柔娴雅，行动间步履轻盈，环佩叮当。从诗里我们不曾见到美如木槿的女子是从怎样的背景之下缓缓行来，但知道她有泛黄的颜色，石板或土路上一辆木毂轮马车咿咿呀呀慢慢来。这便是旧日气息，温暖又纯真，如见此情，四下里都安静下来，唯有风动云动。

单瓣木槿是真简静，即便朝开暮萎瞬息芳华，仍旧清浅笑笑，微微颔首，在纯净的阳光下噙着自己的小欢喜——旧光阴的小欢喜。

长尾巴的蜻蜓最爱木槿。蜻蜓的翅膀几乎有木槿花瓣一样的质地，轻薄清透纹理丝缕清晰，比什么蝉翼纱、软罗烟都惊艳。蜻蜓上下轻扬一下它的长尾巴，透明的翅膀浑然未动却已经由枝梢停在花蕊。它的大头伏在花里，大大的复眼与花对看，细触角扒拉扒拉蕊上花粉，小嘴吧唧吧唧花蕊里的露珠，略停一停又一抖长尾巴一振翅到另一朵去了。六七岁的女孩一直在木槿前瞪大了眼看，安静地跟木槿一样，生怕惊扰了长尾巴的蜻蜓。

几十年以后，小女孩成了如今俗世里赶路的我，单瓣木槿居然也不见了，成了俗得雍容的复瓣，开得大如拳头，笑得满脸褶子。

复瓣木槿唯有一样好处，便是做花馔食材时显得有料了。

初夏吃木槿花馔实在是很风雅的一件事，粉红粉嫩的木槿花熟了后自然成了浅紫色，更将它一朝夕的变化缩为数秒。我爱做两样，一样干贝木槿羹。清水里搁干贝熬白汤，涤过的木槿花撒入略开一开，勾芡，撒点盐，香油少许，便出锅。汤白木槿紫，美得就像旧日子。另一样是木槿滑鸡蛋，木槿须微微焯过，鸡蛋加少许水加盐打散嫩嫩地炒了，倒进木槿花再略炒几铲子便可起锅了，木槿和鸡蛋都滑软。木槿鸡蛋更好看呢，黄黄白白粉粉紫，是青年女子的眉清目秀。

这会儿的复瓣木槿竟有了仙灵般，可以由口里钻进你的血脉，魂魄里一个激灵，醒神了。

【释义】

槿（jǐn）

落叶灌木或小乔木，叶卵形互生，花钟形，单生，通常有红、白、紫等颜色。茎的纤维可造纸或做蓑衣，花和种子可入药。

桐

突然有些想在这大山里住下，与所有的生灵毗邻，混过每一个春夏秋冬。你若来了，我就伴你看一路桐花，连朝语不息。

写桐我是有心理阴影的，小时候差点死于这个树种。

四五岁时在乡间小住，正值秋后桐子落果时，大人们采了桐子一担一担挑回村，就随意倒在禾坪晒场或犄角旮旯。我与弟弟哪里见过这物什，私底下讨论是什么，大人都忙没空搭理我们。我们讨论半天的结果是：核桃。可砸开来看全然不像啊，弟弟比我聪明，说还是生的，煨熟了应该就是一样了。我们用衣服兜了"核桃"便四处找火，终于在一处厅屋寻到一个尚有余烬的灶，灶上还坐着一大锅猪潲，猪潲隔一会儿汩一个泡，破了就散出一泡热气。弟弟扒拉开柴灰，里面居然还有红火的炭，便赶紧扔进去几个，仍旧扒拉了火炭煨着。煨几分钟便闻着香了，我俩相互冲着笑都不作声，仿佛一作声，"核桃"就会跟土行孙似的遁地而去。大致估摸着熟了时，弟弟再扒开灰，虽然已经煨得黑不溜丢，却奇香，香得要跌一跤。弟弟两手交替着吹拍着"核桃"上的火灰，我明白地看见他在不自觉咽口水。终于剥开可吃了，香倒香，似乎一股说不清的怪味。弟弟几乎舌头一捋就吞了一个，又拍了第二个的灰三两下剥开。我想着，核桃煨熟了大约就是这个味吧，也便大口吃了。后来的事情就几乎不知道了，大约是不停呕吐直至晕倒在灶边，被回来的大人发现灌了一通肥皂水又吐了一通才醒过来。从此知道，这物什叫桐子，有毒。

桐子树不是泡桐，据说叫油桐，因为可以榨桐油。泡桐都在村头尾卫士一样立着，还抻开大枝丫，可护大半个庭院。油桐娇小，都在山上野着，花却清丽。年年泡桐花开败了，油桐花就开了。泡桐花一串串浅紫色，斜逸着，姿态可入画。若这一年春寒尤甚，便开了一树浅紫花，杳无一星绿。若春暖，它的大叶子便也如树的模样，竭力地护着花。所以，泡桐是汉子。那么油桐便是姑娘了。

再大些后甚少回乡，便几乎不见油桐，泡桐倒偶尔在某一条僻静的小巷尽头遇见，春天落一地紫，秋天踏一地黄，一树惊喜。自然见得多的是作为行道树学名"悬铃木"的法国梧桐，简直像你们家邻居天天见。

泡桐、油桐、法国梧桐，其实都不是梧桐树。古书说：梧桐能"知闰""知秋"。便有了"梧桐一叶落，天下皆知秋"的句子。古代还传说梧桐能引来凤凰，便有了《诗经》里"凤凰鸣矣，于彼高冈。梧桐生矣，于彼朝阳。萋萋萋萋，雍雍喈喈"的诗句。且唯梧桐才可制琴，便有了绕梁、焦尾、绿绮诸多名琴。

可我总是念着泡桐和油桐，像儿时伙伴。

去年暮春，去安徽参加笔会进到一座大山里，与朋友们一边看山水一边闲聊。山中人迹少至，更有隐逸气，浑得我们将以为回溯到了魏晋，早将凡尘俗务扔到毛里求斯，耽溺于山林水侧，涤荡得心神皆清。我们只一味清谈，笑语在幽谷间频频撞出回声，看山水亦有喜气了。

谷中遍地青苔、野蕨、小青竹，朽木上的嫩木耳，山石缝里探出头的小草，水侧的鸢尾，瀑布旁的杜鹃，各种叫不出名字的树木花草。绿得深深浅浅，偶有春阳照入山谷，更满眼盈绿。紫的也是经水洗过的，莹莹地泛着光。杜鹃花虽残了，那叶倒更流出绿来，与白花花的瀑布一齐淌着。

居然还有桐花，如未经世事的小姑娘，莹白的面上血色丝丝缕缕，嫩黄的花蕊颤颤巍巍，一笑便花枝摇曳。笑得一朵花也跌落了，坠入澄碧的水里。那碧简直就是为盛这花馔而来，花落进去，就是一次绝美的相遇，鲜活成一段情意，涟漪里都含笑。更多的桐花铺在路旁，映着茸茸的草，青青白白。那枝头的则清朗饱满，枝枝串串挨着挤着，韶华极盛却也简静。

我们依旧笑语，一路桐花铺就，竟想起胡兰成的"桐花万里路，连朝语不息"来，断不是念及胡张爱情，亦不是情人的喁喁私语。但见簇拥着的桐花浑如知会多年的老友，可以手牵着手亲近，亦可如隔山隔水的相知——可不正契合当下？隐在山林，伴着桐花，语亦不歇，情谊纯美而清阔。我竟念起儿时的桐花桐子了，差点丢掉性命的事也有趣起来，真是见着老友了。

有了如此念想，心中自然生怜，怯怯地走着，生怕踏了花，哪怕带了一脚的香也是不愿的。桐花总是好姑娘，一路微笑护持，赠我们一身朴素香。

突然有些想在这大山里住下，与所有的生灵毗邻，混过每一个春夏秋冬。你若来了，我就伴你看一路桐花，连朝语不息。

【释义】

桐（tóng）

树名，古书中多指梧桐科的梧桐，还有大戟科的油桐，玄参科的泡桐等。

萑

萑苇该是小母亲，孩子嗷嗷待哺，堂有垂
髫父母。于是，她的腰是屈曲而韧性的，
要做一家支柱，不可太直不可不直。

萑苇有秋气，不是颓靡，也不肃杀，是有着削肩细腰略带忧
郁质的女子。风里一枝萑苇几乎将腰肢屈曲，一忽儿又抻直了，
淡淡一笑，依旧眉头微蹙，在一旁长久立着。

萑苇是老了的蒹葭。

蒹葭萑苇，念起来便似一个女孩儿倏地老去，春芽沦为秋
叶。

蒹葭苍苍，白露为霜。所谓伊人，在水一方。……蒹葭显然
是明媚的，即便已入秋，亦是一派生气，绿得泱泱汤汤，从一丛
绿里探出一枝纤长初穗，青绿青黄的，羞怯而任性地在风里轻
扬。

蒹葭的确有显而易见的任性。河滩上盘踞着，如一个族类占据了一块地盘，剩下的就是年复一年的势力扩张。春上还好，绿也绿得低调，夏来就张扬了，哗啦啦笑着往横里长。初秋倒有些收敛，大约出穗得积蓄些气力。只见隔三岔五抽出一枝来，新穗极嫩，带着一股子香，如躯体里新抽出来"乳香"，鲜甜的，不腻。穗子有些娇滴滴，小花也贴着穗子娇羞含着，风来在风里捎着，雨来亦在雨里昂着，只不弯腰。

只是，秋风总有秋风的法子，裹一些霜气就成，任是参天大树也经不起霜风。况且河流更助秋声，秋风一声比一声老，蒹葭终究老成了萑苇。

蒹葭是年轻姑娘，总有本钱任性，头也仰着。萑苇则渐渐腰弯了，新花倚着长穗老成了白头，干脆头也垂了。

蒹葭若可唱一曲恋歌，萑苇就是忧伤曲，前者唱成了《蒹葭》，后者谱就了《小弁》，同样出自《诗经》，久而久之便声嘶力竭了，颓然哀靡。蒹葭苍苍，萑苇葳蕤，茂盛似乎一样，根基也一样，质地不同了。

萑苇顶着白头，如在世事里行走得久了，老成了，连笑里都带着秋气，眉眼里尽是岁月沧桑。

萑苇，萑苇该是小母亲，孩子嗷嗷待哺，堂有垂髫父母。于是，她的腰是屈曲而韧性的，要做一家支柱，不可太直不可不直。

小母亲的职业可以是教师、清洁工、小商贩，甚至非著名作家。日日劳作自不必说，清晨送了孩子上学，傍晚拎着小菜回家，公交车上各色人等各种气息各样方言从来不入她的眼耳，她只木然靠着车窗，目视距离不过三十厘米，连街边一个大甩卖广告都看不见。她也喝茶，最廉价的茉莉花茶。她也淘宝，"双十一"最低折扣。她睡，她醒，想着该给孩子换一个新书包了。想的时候眉间褶皱一现一隐。这些都是秋气，或说霜气，经霜的萑苇是生活中的女人。

她很柔顺，东风来朝西倾，北风来向南斜。她很倔强，霜染白了头亦只是晃一晃，风再大些哪怕劈头盖脸她犹自挺着。她想，河滩上总有好风景，朝霞或夕阳，再不就天边露一个超级大月亮，都诡异而奇美，红彤彤黄灿灿。她便在这奇诡的美里仰着头微笑，眉间褶皱依旧一现一隐。

萑苇顶着的霜色在一阵接一阵霜风里渐渐蓬松了，那些小苇花如撑开的一柄柄小伞，将长穗子也撑开了，在干涸的风里干枯着。再来一阵风，她就将它们随风送出去了，像将一个个孩子送出远门。她的姿势是略微弯曲的，是老母亲佝偻的背影。细碎的苇花飘飘悠悠，她的目光也忽上忽下，竟迷离了，却仍旧保持那个姿势，弯曲佝偻，长久目送。失了苇花羁绊的长穗子不再是当初那捋成一把的齐整，蓬乱枯干的，也是老母亲的发。除了穗子，那些长条的苇叶更萎黄了，连风吹都不复飒飒，听着竟不像她老了，而是风老得豁了口缺了牙，灌进萑苇丛间，嚯嚯响。

当秋老成了冬，风更恓惶惶地呼号，萑苇终于凋敝了，长穗子已经零落至秃，苇叶委顿拽地几乎朽进了泥里。唯有她的茎秆，还保持那略微弯曲的姿势，寒风对她也无从下手。你若想除去这些枯枝败叶，仍需小心，说不定就被割伤了虎口。这是女人的韧性。

或者说，萑苇的韧性是女人式的，需要饱经风霜。

佛教故事里说达摩祖师一苇渡江到对岸修行，那萑苇便是从江边劳作的老婆婆手中借得。佛经里总赞达摩神通,却未必不是老婆婆抑或萑苇神力?

曾读沈从文给三三写的情书:

> 萑苇是易折的,磐石是难动的。我的生命等于萑苇,爱你的心希望它如同磐石……易折的萑苇,一生中,每当一次风吹过的时候,皆低下头去。然而风过后,便又重新立起了……

萑苇怎么没神力?

【释义】

萑 (huán)

古代指芦苇一类的植物。初生名"葭",幼小时叫"蒹",长成后称"萑"。

器物记

一个镯子一个女子，一个故事一段聚散。俗世残忍，俗世好。

篦

她以篦子齿的疏密来梳理纷乱的光景，用
象牙与竹的韧劲来对抗一切遭际的荒寒，
始终静静地与这个世界互看，眼里没有一
点恣睢。

正值春末，雨像被篦子细细密密篦过，铺张得漫天漫地又丝
缕清晰。那执篦子的手必上了年岁，有对万事呵护的轻缓。

总觉得篦子自有一种隔人的静，直挺的梁骨，朴素的篦齿，待
在妆台上，肃然看你。外祖母有一个象牙做筋骨的篦子，更隔人。

儿时偶尔去外祖母家小住，便伴着她抵足而睡，似乎每天绝
早她就起身了。我就着透纸黎光看她从老鬃漆的梳妆匣里拿出篦
子，一下一下缓缓篦头，再急火的早晨也这样缓，连辰光也篦得
齐顺静气了。

我等她做早饭时，就掀开蚊帐趴在老旧的樟木书桌上，瞧梳
妆匣里都有些什么宝贝。木匣深褐色底子上描着彩漆，不知名的

五彩鸟儿停在桃花枝头，还以金漆勾线，炽艳里隐喻着富贵气。唯漆面上一层陈色，以及边角处磕坏了露出黑黄的旧腻子，折损了它的精致。拎起铜搭扣，匣盖内里的镜面流光乍泄，几欲晃花了我的眼。匣里并无长物，一根素银簪，两枚豁了口的老玉玦，一把象牙骨的篦子，而已。连折好的一块手绢都只是方格棉质的，不是我想着的绫罗绸缎。

这会儿屋外也大亮了，镜子将那透窗跃进来的光映得迷离，还一晃一晃，亦成了陈旧的水色，微凉。篦子的象牙白已经有些微陈黄，梁骨上雕刻着一个精巧的仕女，拈花自照。篦齿仍旧竹制，一半密，一半疏。我觉得头痒，便篦一篦吧。先使疏的那一半，由发根起，尚未到发梢已经滞涩了。再换，手里"大开掉阖"地刮下来，竟缠夹得头皮生痛，发丝也扯掉了几根。

外祖母由门口的光里入来，冲我笑，接过篦子轻缓地在我头上拢，袖里犹裹挟着一股清甜的粥饭味。

外祖母一下一下给我篦头，蓬头顽劣的我渐渐柔顺如发。

写至此，忽然觉得篦子不再隔人，是与粥饭一般的衣食人生。隔人的或是前世，如外祖母的出身。

鬈漆的梳妆匣、素银簪、老玉玦、象牙梁骨的篦子，都是外祖母的出身。那时，她像诗词里"云篦"，纤弱成了鬓发间的饰物。"却回娇步入香闺，倚屏无语撚云篦，翠眉低。"初唐李珣《虞美人》里的几句，或可作她年轻时的判语。云篦一样的是篦子，竟似与人世烟火隔着一般，有的只是情致，娇柔到入了诗画。外祖父与她门当户对，他们或曾有过一段衣食无忧的好年成，却终于在某一个时期因挣得的这份家业"获罪"。后来，外祖父早逝，她独自拉扯三个孩子。于她而言，从云篦到篦子，经过的是岁月。幸而她的篦子并未如《琵琶行》里"钿头云篦"一样，击节而碎。

就是这样一个底事不知的富家小姐经了岁月的包浆后，可一个人扛起一家数口的日子。仍是那象牙质地的筋骨，有些苍凉陈黄了，却也被日子磨出了许多韧性。她以篦子齿的疏密来梳理纷乱的光景，用象牙与竹的韧劲来对抗一切遭际的荒寒，始终静静地与这个世界互看，眼里没有一点恣睢。

"篦头要轻轻梳，慢慢篦。"我闭着眼，听到外祖母呼吸停匀，她的手轻缓地，像呵护整个世界一样呵护我的发。这忽儿，早饭也得了。

如今坐在春雨里，再来想念篦子，竟像做了一个遥迢的梦，有见外祖母从雨里远道而来的倏忽之感。她冲我微笑呢，冲我打量呢，忽然，鸡初叫了，一摸脚边，床褥冷冷的，没有她。

外祖母走了，那象牙筋骨的篦子也没有了，我还记着篦子的样子和她篦头的模样。她的手细瘦伶仃的，骨节却突兀着，轻轻拈着篦子，缓缓地，静静地，从发根到发梢，从黑发到白头。篦得柔顺了，在后脑勺松松地绾一个髻，素银簪子插了，一天就开始了。

想起了，素银簪还在呢。

【释义】

篦（bì）

一种齿比梳子密的梳头用具，称"篦子"。

以篦子梳：篦头。

盏

琉璃盏怕只适宜古人饮葡萄美酒，映着澄红的琼浆作华丽的清赏。银和铜倒也素净，也宜盏，却不合茶的碱性，可做灯盏和冰盏，是人世的烟火。

茶酒有关，我不擅酒只好茶。且如今饮酒谁还使盏？啤酒杯、红酒杯、白酒杯，更有一种叫"拿瓶吹"的饮法，盏怎么适宜？饮酒又偏多是玻璃器皿，大约酒桌上常有狡诈人，须玻璃来一眼即见。再好的玻璃器物，总给人一种脆弱状，拈着都怕骤然碎了，不如碗。

碗亦欠了，只合武松们来用，提了哨棒大步流星进店，冲柜上喊一句：主人家，快拿酒来吃！就着熟牛肉可饮十八碗酒。倒有一句好——"一碗读书灯"。比盏朴素了数倍，是一豆灯影中守着书的笃定安然。若换了"盏"，意蕴就孱弱了。

还是来把盏饮茶吧，酒太粗豪。

喝茶最好使素盏，无矫饰，盏太精美恐怕夺了茶香。金盏、玉盏、琉璃盏什么的是断不可用来喝茶的，过于富贵逼人。《红楼梦》里妙玉常日吃茶使的就是绿玉斗，宝玉为讨她欢喜，说到了栊翠庵，"自然把那金玉珠宝一概贬为俗器了"。妙玉身在槛外仍旧尘根未去，从绿玉斗便可循。金盏更俗，简直可以将茶掐死在盏里，清气也泯灭。琉璃盏怕只适宜古人饮葡萄美酒，映着澄红的琼浆作华丽的清赏。银和铜倒也素净，也宜盏，却不合茶的碱性，可做灯盏和冰盏，是人世的烟火。

清夜在秋蛩声里守一盏银灯，可如范仲淹看蜀志共刘伶一醉，成就一阕《剔银灯》了，一切铁马冰河虚名浮利都葬入关山一梦。

冰盏更有俗世之好，叮叮铮铮里一水的京味，是旧时京派小说和影视剧里的常客。长而窄的胡同口，小贩挑着担打着冰盏笑盈盈入来，银发的老奶奶摇着芭蕉扇牵了举着粗瓷碗的红肚兜小孙子买冰镇酸梅汤。冰盏就是两个小铜盏，做了小贩的响器，食指夹在中间，上下颠颠地击出一串声。溽暑里听听也好，有酸梅汤的甘酸味，吸一口气都凉丝丝的，从牙口爽到胃里。

最宜饮茶的还是陶瓷，青瓷青、定窑白，汝窑天青月白，青花、粉彩、建盏、土陶盏……各样盏配各种茶。

青瓷温润通透，宜明前龙井。去年春暮到杭州狮峰山，恰是明前春茶初采，新茶还带新绿。钻进一个茶社，以青瓷试茶。茶是典型旗枪，一叶一芽，青绿挺直。洗茶一遍，第一泡汤色清淡略显寡，置入青瓷盏中就别有丰赡了，浑如一个素服木讷的少女一遇见心仪男子，眉眼里盈满娇羞，霎时便生动了。第二、第三泡就出香、色了，清明的绿，郁香若兰。青瓷的水头与茶汤的明绿相得益彰，连那瓷里的纹理都生出香来。执青瓷饮龙井，日子也与茶香弥沦了。

普洱当以粗瓷粗陶啜饮，建盏亦相宜，浓重的色与朴拙的质料方可令普洱不失其稳重。尤其土陶盏的带砂的质感，简直可赋予普洱一重沧桑，在甘甜与陈香共存渐落喉间之际，生出些遇见落拓文士的钦慕。若以素常白瓷盏喝也未尝不可，但总觉得白盏轻浮了，承受不起普洱的厚重。

我有汝窑盏，天青色，以它喝六安茶，如自家人待自家人。六安瓜片茶形并不见得如何，茶气则至纯，甫一入口，清香在唇齿间流离，竟似遇见一位书香门第的青衫男子。而天青色的汝窑盏亦是一袭青衫布衣，低调的质朴，以自家人的包容来与瓜片相适，几乎完满得没了间隙。置于内敛的汝窑器中，瓜片的香似乎益发幽渺无序而又缠绵不去。一口茶入口，一度春风便落入肚肠，皮囊仿佛被扒开来，曝于春天的清新里俯仰回转。瓜片终是借了天青色汝窑盏的气质，可以睥睨绿茶界了。

定窑白一定得与色泽美艳的金骏眉滇红或单枞配，可喝出丰腴女人香。铁观音倒不挑盏，因为它的奇香。黄山毛峰、太平猴魁也不挑，只需慢慢享受那悠长的韵便好。君山银针倒不宜茶盏，它娇柔得吹弹可破，只可堪以玻璃杯来雅赏。

宋人尚建盏，因为古时茶色尚鲜白，老苏谓之"雪沫乳花浮午盏"。乳白茶青黑盏，正是好茶配好盏。建盏最上乘的要数"兔毫盏"。此盏釉色呈绀黑，釉质刚润，釉面呈现明显兔毫纹，纹理清晰，细腻流畅。又因敞口，浅圈足，胎体厚重，茶置其中不易冷却，正适宜品茗。如今的茶汤色各异，使建盏倒不能凸显其色，我也一直不怎么爱这粗笨的大家伙。前日竟也收了一个李甲栈嵌银鱼建盏，为着青黑盏底卧着的一条精工的银鱼，茶汤一置入，鱼登时活了，翻出涟漪。建盏有棱棱金石气，笃定的稳重。又爱了它了，时常携它上路，谁舍一碗茶就用它饮，仿佛做了托钵僧行脚走红尘。

　　好茶好盏都是清享。记得写过一首诗，尾联是：莫待清秋催老去，且将新盏试新茶。

【释义】

盏（zhǎn）

小杯子：酒盏。茶盏。把盏。
指油灯盛油的浅盆：灯盏。
量词，指灯：一盏灯。

瓷

白牡丹明亮杏黄汤色如女子秋水横欲流，
天青色的汝窑瓷正是可兜得住她温柔的青
衫客，他温和笑笑，她便羞赧酡颜了。

　　最近爱上白牡丹了。上午用影青瓷茶杯泡白牡丹花茶，下午
喝白茶白牡丹，使的汝窑瓷套杯。两样茶器自然都不是旧物，换
着使只为与茶更圆和。影青瓷青白藏花影影绰绰，白牡丹花瓣隐
在水里亦分不清是花是水，器与茶与水直似天然一体。再来看汝
窑白牡丹。天青色盖碗与白牡丹的灰绿银毫浑如前生便有了情
谊，此生便成了知己。白牡丹明亮杏黄汤色如女子秋水横欲流，
天青色的汝窑瓷正是可兜得住她温柔的青衫客，他温和笑笑，她
便羞赧酡颜了。
　　无论多好的茶总得有好器来配它，方有了情致。我有紫砂壶
三把，青花、汝窑盖碗各一，影青瓷、汝窑六棱盏、青花杯、素

白盏、手绘粉彩斗笠杯各一。近来又淘得一样李甲栈的嵌银鱼油滴盏，素银小鱼卧在古朴盏底，茶汤一置入鱼便鲜活了，在汤里翻出涟漪，汤色也潋滟得有光了。我又偏好各样式的香炉，青花、青瓷、白瓷、柴烧，泡茶时也踅摸出一样来焚了香，在香里岑寂坐喝。

我曾往各地寻茶，如财主守着金子般宝贝着这些茶。也总想来一场寻瓷之旅，要为这些茶配上好器。便去景德镇，去杭州苏州，去北京，也去临近的醴陵。

醴陵倏忽可至，要想画瓷便去了，也仅画瓷，不拉坯不上釉不烧制，只在工业模具大量"批发"出来的白坯上画，颜料也是已经磨好的化学料，加水调匀便画。我虽画得不好，却仍旧觉得少了什么。制瓷是手艺活，手艺就该独特精细，坐在自己的小作坊里，慢慢地倒腾工作台上的高岭土，将一大坨摔油润了便拉坯、利坯、烘干、绘制、施釉、烧制……每一样器物都是唯一。

好朋友的父亲是原醴陵某瓷厂的工程师。据他说，从前他们会由四处寻找瓷石开始一样瓷的"生命"之旅，连一个白坯都须几经设计才捣鼓出来，拉坯更是反反复复，即便如此仍旧会有微瑕。"每一样完美里都有微瑕，只是你们看不到而已。这才是有生命的瓷。"他这样说。

如今在高阔的大车间里，机器替代了我们太多，将瓷的生命也匆匆拉进机器里忽然卷过。我又忽然一凛，如此生产出来的瓷可还有生命魂魄？

我想寻有魂魄的瓷。

景德镇倒不愧为瓷都，遍地是瓷，商铺街角巷陌，连路灯都是青花，许多小店地面以碎瓷片铺就，简直惊艳了。一城的瓷，大约可寻得嘉物吧？随走随逛竟至眼花缭乱。景德镇是瓷们的名利场声色地，喧腾得几乎要来一场假面舞会。青花瓷们都系了领结，釉上彩梅瓶着了一袭箍着裙撑的大花裙，贴花粉彩将军罐一副道貌岸然，还有数不清成套茶具碗碟都是混迹其中的芸芸众生。各样器形各色纹样各种类别，还有诸多名头一拿出来就震得你一个哆嗦的工艺美术大师之类。太热闹了，我几近被带入了浮躁，随便选了两样小物就逃也似的走了。第二回来景德镇照旧如此。新近才有人对我说，须去找一处僻静小镇，住着许多手艺人，陶瓷工坊、金银匠、木工，甚至铜瓷工匠，都有。或者我仍将再去一回吧？在僻静里寻一样果真有魂的瓷。瓷该有静气，景德镇的热闹里已经容不下这份简静了。

去年暑期在苏州住了一阵，每天逛，在饭店听评弹，茶馆里聊天看昆曲，旧书店淘书，混得好些天光。我偏好往小巷小弄堂里钻，丁香巷、大儒巷、悬桥巷、水仙弄……居民大多枕河而居，门口种了花花草草，小猫从木门里探出一个头来瞅行人。女人下到河边台阶上洗菜洗衣服，男人们不想出门做事便拿根长渔线挂了钩子穿了蚯蚓，倚在麻石栏杆上把渔线放下去钓虾钓小鱼。

某个下午逛了个小园子出来撞进了一条小巷子，几乎没人行走，只深处一个小门里咿咿呀呀有人唱评弹。我过去看，一家小店门脸很小，陈设却美好，各样中式彩漆家具，摆着各种美器物，佛珠手串、苏绣屏风、各式茶器、香器……在唱评弹老者推荐下，我选了一帧白玉兰屏风，极清雅。欲付款出门时，一眼便见角落里一个三足白瓷小香炉，形制朴拙而温润，极贞静地待着。我一望而钟情了，拿起来摩挲半天。小香炉胎质细腻，白得似玉，触感有蜡质的脂腻，小敞口圆肚三足略微收敛，器形一气呵成。真是个可入心的小爱物。老者见我爱煞了它，主动减了价，又送个香炉袋，精细裹了给我。这小物如今成了我的常伴客，喝茶读书写字都在案头守着我。此为际遇。

好瓷需要遇见，不经意间的经由。瓷也该在静处，繁华尽处方能遇知己。

【释义】

瓷（cí）

用高岭土烧成的一种质料，所做器物比陶器细致而坚硬：陶瓷。瓷瓶。瓷壶。瓷碗。瓷器。瓷砖。

药

中药的苦是黏稠的，有厚度。白瓷碗里药
汁浓稠，暖香就有了一些慰藉，乍入口确
也苦不堪言，却每吞一口一种苦味。

　　"药"字该天生就氲着香，中药味，冬日里炉灶上坐一个砂
罐，罐口水汽袅袅婷婷，暖香慢悠悠涨满了屋子，连犄角旮旯都
挤进去了。水滚几滚，药汁涌出，遇见火噗噗的，是咋咋呼呼的
妇人模样，连暖香也腴润了，丰乳肥臀，横着走。

　　相较中药，西药简直冷峻了，药片是冷的白，胶囊着了一身
五彩盔甲，还是冷。连香也冷，菲薄的，冷面寡情。注射和静滴
药水就更冷，玻璃瓶肃着一张脸，针尖冷眼看你，射出寒光。药
水一滴一滴混进手背上的静脉血管里，贯穿心脏的时候，周身都
冷了，变成了个冷血动物，见人都恨不得蜷着。

　　我自小身体孱弱，第一回吃西药是三四岁，其他记忆都无，

唯记得西药苦楚。那阵在姑妈家住着，是感冒抑或什么病也忘了，只知道姑妈带我去看了医生，还戳了屁股一针，回家便吃药。不过白药片两三粒，一搁进嘴里就作呕，硬是吞不落肚。姑妈将药片放在白纸上，拿玻璃杯来回滚，研碎了药。又取了白羹匙来，白药粉倒进去，白纸还掸几掸，生怕沾了药粉去减了药效。羹匙里再添些水，拿筷子搅匀溶解成乳白的水，再来喂我。我似乎被那些白唬住了，肆恣地哭。姑妈被我哭烦了，恨恨地说："我总不能让你带着病回家去。"她让姑父捏住我的鼻子，拿筷子撬开我的牙关，白羹匙冰冷蛮横地捅进嘴里一灌了事。我听见药滚进我喉咙的声音又哇哇大哭起来，半天才咂摸出口里的苦味，舌根最苦。第二回再吃，我已经不敢哭了，筷子和羹匙一起塞进嘴巴里简直有医生的冷酷，比苦还可怕。以至于多年以后，我仍旧不敢看牙医，吃药倒学会了，一咕噜就是一把。却仍然厌西药。

外祖父在当地是一位名中医，半辈子挣得的家产都被抄没，又去得早，除了一堆医书药书，只给母亲和舅舅们留下家徒四壁的贫穷。小外公（外祖父的弟弟）的韧性足以让他活到子孙膺飨，亦全靠他身后那一墙的药柜。

小外公白皙清瘦，戴副眼镜，说话柔软的，长年在柜前坐着，来了病人便搭脉翻眼皮看舌苔，也闲聊，都是悠慢的。看完就默不作声拿小狼毫在草纸上写方子，写一阵想一阵，偶尔抬头再问问病人。抓药了便拿杆小铜秤，白芷跟川芎在一屉，当归和熟地在一屉，连翘和佩兰在一屉……每一屉又隔着，一隔一种香，贴在抽屉上的药名都美得溢出香来。

"竹沥"有青衫书生的味道，由青竹的脉络里沁出，鲜馥里透出清气，可止咳平喘。

"连翘"像婉约的女子，裙裾长曳，高高的云髻上斜斜地簪一枚碧玉的翠翘，行动间，翠翘上缀的珠玉颤颤巍巍。连翘也美，春天开得一片花黄，可清热解毒。

"车前子"有魏晋风，隐在山林旷野抚琴饮酒清谈，卓尔不群，可清热利尿。车前子亦是一位朋友的笔名，一提起，大名鼎鼎。

念"菖蒲"二字如读《诗经·国风》，有旧气，清雅。它与艾叶一齐，年年端午在我家门口悬着，用以除秽。

…………

一服药拣好草纸包了，细麻绳捆了便可提回家。麻绳和草纸的粗陋与各种中药材妥帖地相宜。如今偶尔到药店抓一服，都是用菲薄的塑料袋盛了，见那透出的杂乱，竟会觉得药性也由里面出逃了，味也寡些。

熬药须老砂罐，粗粝黝黑。水没过药材，文火细煎慢熬，香气袅起的时候，就是药质渐渐释放了。守着炉火熬药简直是一种情怀，候的过程就有温情。一些草木罢了，遇水亦不会改变性情，而一旦以火烹煮，竟能医病。

中药自然也苦，却不似西药，单只一种苦味。中药的苦是黏稠的，有厚度。白瓷碗里药汁浓稠，暖香就有了一些慰藉，乍入口确也苦不堪言，却每吞一口一种苦味。有涩感，有馥郁，有留香，像把生活吞进肚，苦一滑而过，过后咂咂嘴，似乎又不那么苦了，反倒有了些回甘。生活里的苦也是用以医病的吧？

年轻时喜欢过一个医生，每每去见他，白大褂裹挟着西药味，凛冽的冷香，竟不再厌了。

Dior 有一款香水叫"毒药",甜腻的香带挑衅意味,像爱情,致命的魅惑。

【释义】

药（yào）

可以治病的东西：药材。草药。中药。西药。药剂。

有一定作用的化学物品：火药。炸药。

用药物救治：不可救药。

毒死：药老鼠。

古同"约"，缠。

草名，即"白芷"。

烟

烟的身姿被她一寸一寸吸成了灰，她打了
个寒战，像自己一寸寸碎成灰。他就是她
的火，而她终究会成灰。

"我有故事和烟，你有打火机吗？"无意间在网上看到这句，心里竟起了潮意，黄梅时节醺暖的南风里也有这样的潮意，在每一寸风里酝酿着。

我不抽烟，也不准备点燃一段故事，却寻了一盒火柴和一支薄荷烟，点燃，不抽，食指和中指夹着一端，看另一端的火星在纤细而潮热的南风里一明一灭。烟气也是纤细的，一只手从里面拈着一丝扯出来一样，时断时续，忽左忽右，比最情绪化的姑娘还要行踪诡异。

其实还是有一个故事的，不是我的，是一个很情绪化的姑娘的故事。为方便讲故事，权且叫她"烟"吧。我也很喜欢叫

"烟"的姑娘，比如琼瑶阿姨写了个章含烟，信有一首歌叫《如烟》，都与爱情相关。叫"烟"的姑娘怎么可能没有爱情？

烟的爱情故事很老套，恋爱失恋，与"失散"十余年曾经暗恋自己的老同学重逢，觉得他是骑白马来拯救自己的人，于是一头栽进去，而他已结婚生子。所以，烟的故事里最精彩的不是爱情，是她的恣肆。

烟平时并不抽烟，她像个乖孩子，每天跪在地上把地板抹得一尘不染，瓶里插了花，桌上煮着茶，厨房炖了汤，只等着他来。他倘若来了便风也清月也明鸟雀滴哩哩闹腾，若来不了她就点燃一支烟，学他的模样轻啜着蓝色的一截，将烟吸进口中，而后徐徐吐出白色烟气，那烟气有些怯弱，吐得一顿一顿的。她对自己有些不满意，头仰起一些，再吸一口，这回吐得从容些，仍旧少了洒脱。烟的身姿被她一寸一寸吸成了灰，她打了个寒战，像自己一寸寸碎成灰。他就是她的火，而她终究会成灰。

烟没有跟任何人打招呼就去了尼泊尔，包括火。我们就称他"火"吧。

烟一个人坐在巴格马蒂河边，看裹着各色浓艳纱丽的妇人洗头洗衣洗菜，纱丽颜色冲撞得如同你迎面撞见一堆《金瓶梅》里大红大紫大绿袄裙的宋蕙莲。帕斯帕提那寺里各色僧袍各种肤色的僧侣都木然的，看天或祈祷，住小塔里的苦行僧竟有了伏地魔的气息，吓得烟噔噔退了好几步。再没有比尼泊尔的火葬更潦草的了，在河边搭一个架子就点火烧，烧一阵再推到河里顺水漂走，接着烧第二具、第三具……第 N 具。

烟的恐惧从骨头飘出来，一同带出来的仿佛还有烟的魂，随着那残骸一齐顺水去了。

烟从尼泊尔回来了，魂却没带回来。她同火说"结束"，便再不见他。我常常可看见烟眼圈红肿，她却从不对我说起火。

烟跟我说起过她那个"天杀的"爸就是离开她们母女找"狐狸精"去了，妈每天要对着天咒骂二三十遍，却把自己骂成了乳腺癌，在烟十六岁那年去了。"我就像这烟，没有根无从归，倏忽就散了。"烟在说这话时让人疼惜得心焦。

我曾劝她要么就将火从心里抹去，重新去爱一个人，要么死缠烂打争取幸福。她深深吸一口烟，幽幽地吐出一句："我就是要让他觉得老了以后还觉得亏欠我很多很多的爱！"

后来，烟也病了，乳腺癌，那年她二十八岁。她走了以后，我再也没有见过火，他会觉得亏欠她很多很多的爱吗？

有没有那么一个世界

永远不天黑

星星太阳万物都听我的指挥

月亮不忙着圆缺

春天不走远

树梢紧紧拥抱着树叶

…………

不让故事这么的后悔

信的《如烟》里有这么几句，恰巧是我想对烟说的话。

我不再讲故事，有故事的人总有许多人们看不见的艰辛。

《庭院深深》里章含烟名字里"含烟"二字细究起来可找到

许多出处，无非杨柳含烟，攀折赠别。章含烟大约也取此意，尤其小说里反复出现的欧阳修《蝶恋花》，更是在章台柳堆烟时节，书一章离愁别恨，洒一把落花泪。

古人爱悲秋伤春，子规啼也愁猿声叫也愁，落花溅泪落叶感怀，章台、灞桥送别本就可以名正言顺抹一把离散泪，若来一场微雨，再添了杨柳依依助苦情，就烟也朦胧泪也朦胧了。

丝是思，柳是留，见莲是见怜，围棋是违期……古人比我们矫情多了。

换一种思维，柳含烟，简直美到不食人间烟火。她有弱柳扶风之姿，倾城倾国之貌，眉似远山黛，眼如秋水横，思忖间又微微蹙，秋波含愁。哎呀，生生一个美黛玉，绛珠仙草来还泪，终究被天收了去。

大约，也正是这等与烟火气太过于隔膜，才注定了悲情。

还是俗世烟火吧，打孩子骂汉子，煎炒烹炸洗洗涮涮，没钱时就挣俩花一，有钱时就买两碗豆浆喝一碗倒一碗。等孩子大了，你们要么天天广场舞麻将牌，要么满世界跑去，继续把广场舞麻将牌带到地球的各个角落。老了老了，你做他的拐杖，他做你的眼睛，还可以继续走几年人生。

俗世烟火不是烟花，是炊烟，烧火做饭的日子。

【释义】

烟（yān）

物质燃烧时所生的气体：冒烟。烟雾。烟波。烟尘。

叁 器物记

像烟的：烟霞。烟霭。烟岚。

烟气刺激使眼睛流泪或睁不开：烟了眼睛。

一年生草本植物：烟草。烟叶。

烟草制成品：香烟。烟蒂。

指"鸦片"：大烟。烟馆。

声色记——最美汉字的情意与温度

钏

那个镯子，白玉略带沁色，衬得小外婆未经太多俗务的手很是好看。也是一段孽债。一个镯子一个女子，一个故事一段聚散。俗世残忍，俗世好。

钏是俗世好，自古就被赋予驱凶辟邪祈佑平安寓意。蒲松龄老先生在《白于玉》一篇里写了一位紫衣仙女，与才子吴筠一夜衾枕欢爱极尽绸缪。吴生离开时，仙女将腕上金钏取下赠予他。多年后，金钏还庇佑了吴生的妻室子孙。我倒不太喜欢这个故事，显得情浅了。吴生先有葛太史许婚，遇见仙女却仍旧把持不住。离了仙女又一门心思修仙，将先前的姻缘也弃于一边，葛女倒是重情之人，上服侍公婆，下抚养吴生与仙女所生公子。火灾突来，金钏庇佑也是她该得的福报。

比起那些狐仙树妖的爱情，《白于玉》显得俗了，不是因为金钏，是蒲老先生文字里的因果报应。

明代有一个香艳小说叫《金钏记》，倒一味写郎才女貌的爱情，也不好。故事写的是富户窦时雍看中章文焕的文才，将女儿羞花许配与他。两厢诗词酬和兴浓，文焕便求与羞花交欢。羞花半推半就之下，便两情缱绻，极尽淫乐。等两情欢足，羞花脱下臂上金钏一双赠文焕，说："好赏此钏，是即主盟。"

这里，金钏成了信物，幸勿相忘，文焕羞花终成眷属。都是吉祥意味。

《红楼梦》里有金钏、玉钏两姊妹，是贾府家生子，姓白。以金玉宝钏为名，想来家中也是宝贝一样看待着的，却位卑为奴，落得一个投井一个坐穿堂里暗自垂泪。庇佑也罢，吉祥也好，怕也是因人而异吧。

京戏里有一出《勘玉钏》，倒情节跌宕，荀慧生先生一人分饰俞素秋与韩玉姐，一枚玉钏连缀两段情，才情高妙的书生终究能得到小姐垂青。又是书生。

京戏还有一出《拾玉镯》，干脆就是直白的调情，傅朋的爱情里多了些慧黠，孙玉娇更生生是一个俗世女子，他二人自是郎情妾意享着俗世的好。

对，钏就是镯子。每一个手钏的命理都是一个女子的命。葛女、羞花、金钏玉钏、孙玉娇……个个不同，还有曹七巧。

曹七巧有一个翠玉镯子，是她十八九岁就戴着的，那时她是麻油店西施。七巧年轻的时候有过滚圆的胳膊，翠玉镯子就在葱白的腕子上箍着。嫁了姜家几年，镯子里也只塞得进一条洋绉手帕。

骨痨的丈夫带着一身腻滞的死去的肉体的气味，连坐都坐不起来。她唯一爱过的季泽，到头来却惦着她的钱。以青春换来的金钱被她日渐铸成黄金枷锁。锁了一双儿女，也锁得自己成了病态的孤魂野鬼。"她用那沉重的枷角劈杀了几个人，没死的也送了半条命。"

临了，她摸索着腕上的翠玉镯子，徐徐将那镯子顺着骨瘦如柴的手臂往上推，一直推到了腋下。当年那个鲜活的麻油西施已经枯干成一个老妇，似乎昨天她还挎了篮子在青石板上笃笃地昂首走过，蓝夏布衫衣袖高高挽起，露出一双雪白的手腕。喜欢她的有肉店里的朝禄，她哥哥的结拜弟兄丁玉根、张少泉，还有沈裁缝的儿子。如果她的丈夫换了他们，就是俗世里的欢喜吧？她的镯子像是被施了诅咒，只是"呼"的一声，余生将尽。

母亲自幼认了一位干妈，家世好却一直未婚，我叫她小外婆。小外婆年近花甲了倒找了个老来伴，不几年这位老伴就去了，便又一个人枯守日子。不记得过了多久，母亲告诉我，小外婆也去了。几个姊妹和继子争遗产，将小外婆腕上的一个和田玉手镯也打碎了。我记得那个镯子，白玉略带沁色，衬得小外婆未经太多俗务的手很是好看。也是一段孽债。

一个镯子一个女子，一个故事一段聚散。俗世残忍，俗世好。

何以致契阔？绕腕双跳脱。"跳脱"亦是镯子。

【释义】

钏（chuàn）

臂镯的古称。俗称镯，镯子。用珠子或玉石等穿起来做成的镯子：金钏。玉钏。

锦

> 云锦入心的华美，像蓦地闯入一个盛世，直让你以为跌进一个迷梦，幻象炫目而又刻进梦里。即便醒来，怔忡间你还念着它。

初冬某天，他电话说在南京，给我买了一段云锦。

我夏天也在南京，去看秦淮河，看民国公馆，看浦口的老火车站，一个人。南京城已经没有多少"老"影子了，便又去朝天宫混了半天。朝天宫比北京的潘家园更有可看的，也安静。三楼卖古玩的老者戴着玳瑁眼镜拉二胡，我立在他面前听，拉的是《赛马》，端的有万马奔腾的欢乐。老者见有观众，越发拉得身形都有了律动，拨弦时更是连食指都嗦瑟了，简直马蹄嗒嗒奔将出来。一曲拉毕，老者抬起头，眼睛眯缝着从圆镜片后朝我笑。

收拾起二胡，老者将他店里的器物一样一样讲给我听，和田白玉坠子的黄花梨如意，青花的墨盒，顺治年间的粉彩残片……

声色记——最美汉字的情意与温度

我却看上了墙上挂的老妆花云锦，满金铺地，五彩的大团花，织金提花明晰，典丽庄重。仿佛对着雍容的老祖母，倚在跟前舍不得走了。老者笑，这个贵。我终于买了一个并不久远的和田玉把件，他也赠了我一块残瓷片。走时仍旧回看那块老妆花云锦，想着去找家云锦铺子，买块新的织锦也好，却终究不得。

这样的遗憾我并未告诉他。他知道我，一如当年。

一些情谊绵密得如缎子与织锦，丝缕横亘交错，静静地无须声张，美却可入心。

云锦入心的华美，像蓦地闯入一个盛世，直让你以为跌进一个迷梦，幻象炫目而又刻进梦里。即便醒来，怔忡间你还念着它。

最早知道云锦是"在"贾宝玉他们家。林黛玉初进贾府，王熙凤出场时穿的"缕金百蝶穿花大红洋缎窄裉袄""翡翠撒花洋绉裙"，直如烈火烹油，将她衬得恍若神妃仙子。贾宝玉亦是奢丽，嵌宝紫金冠、二龙抢珠金抹额搭配"金百蝶穿花大红箭袖"，天然一段风骚，黛玉一见竟心里暗生惊异："好生奇怪，倒像在那里见过一般，何等眼熟到如此！"

黛玉自是着素淡些的襦裙，唯一华丽些的，也只是贾母一时想起来给她做一挂软烟罗的纱帐。"世外仙姝寂寞林"，自是应该不食人间烟火气。而以宝钗内敛端庄，连花儿粉儿也不爱的性格，云锦便更不相宜了，必得朴素大方才好。唯有宝玉凤姐，一出场就是奢华至极的云锦，连家常穿的也是"桃红撒花袄""银红撒花半旧大袄"，凤姐更是连靠背和引枕都是云锦所制。似乎唯云锦的繁丽才可衬出他们的风华，也足证他们在贾府的地位。除却这些，曹雪芹原出身江宁织造曹家，自然也厚爱云锦，才摹得花团锦簇。

宝玉还有一袭雀金呢大氅，是以孔雀毛捻了线织的。贾母说是俄罗斯国的产物，那时自然不曾质疑。后来无意读到吴梅村一阕《江南好》，便写云锦："江南好，机杼夺天工，孔雀妆花云锦烂，冰蚕吐凤雾绡空，新样小凤龙。"从这首词看来，雀金呢恐怕也属云锦，大约曹雪芹先生假借了俄国人之手罢了。关于孔雀毛织锦，清初也有文献记载，"孔雀毛织入缎内，名曰毛锦。"

织锦也有成都的蜀锦、苏州的宋锦，湘西还有土家锦。蜀锦以纹样著长，宋锦为细锦，大约受苏州丝绸影响。云锦算"昆曲"，声出三腔之外，流丽欲滴。蜀锦是川剧，精妙的高腔，变化亦精绝。宋锦为苏州评弹，吴侬软语莺莺燕燕唱来。相较而言，土家锦便是原生态民歌了，粗犷而朴拙。

关于织锦，还有一个很美的故事。《列女传》里写了苻秦时一位叫苏蕙的女子，九岁便会织锦，嫁给了秦州刺史窦滔，两人琴瑟交好。后来窦滔被流放敦煌，竟违背与苏蕙分别时的誓言，娶了一位歌伎为侍妾。苏蕙满腔忧愤兼又思念，将回文诗织成锦缎寄赠夫君。苏蕙的回文锦回环往复词意凄婉，窦滔读懂妻子一片深情后，自然夫妻从此和合。"回文锦"成了千古佳话，元稹写"肠断回文锦，春深独自看"。江淹《别赋》里"织锦曲兮泣已尽，回文诗兮影独伤"也抚出一曲断肠声。

倒是洪昇，写得了《长生殿》里明皇贵妃的爱情，竟容不得苏蕙做妻子的一点任性。他有一部杂剧《织锦记》就写回文锦的故事，偏偏将苏蕙写成一个善妒恶毒的正室夫人，直把美好的回文锦也"扔进"了臭沟渠。

"花繁，秾艳想容颜。云想衣裳光璨。新妆谁似，可怜飞燕娇懒……"且来一句《长生殿》玉环唱词吧，也似织锦般繁复奢丽。玉环自是情意如春深，而苏蕙将爱织进锦缎，又何尝情浅？

每一段锦都织进了情意吧？他呢？我与他已经年未见。

【释义】

锦（jǐn）

有彩色花纹的丝织品：锦屏。锦绣（精美鲜艳的纺织品，喻美丽或美好，如"锦绣山河""锦绣前程"）。

鲜明美丽：锦霞。锦缎。锦笺。

笺

红笺与薛涛有关。那年，她生了一场名为
爱情的病，与那个比她小十一岁叫元稹的
诗人，抵死了的缠绵。终于，他走了，只
剩了她一个人的相思，住在浣花溪畔，做
道姑，种菖蒲。

"笺"，仅这字就情意宛然，笺上若再书几行小字，便可真
真的剜人了，像上生物课拈了探针轻浅地试探心脏标本。再轻
浅，你的心也跟着颤一颤，滑过一丝疼痛。

红笺小字，说尽平生意。

大晏爱"红笺"，也是轻浅的，衬《清平乐》的词牌恰好。
即使载着一生情意，也是淡淡的，一行是怅惘，一行是离情，一
分相思，半点愁。景致更淡，斜阳远山绿水，一人倚西楼。都在
红笺载着呢。

小晏亦爱，以泪和墨，提笔写下："红笺为无色。"这是小晏
的《思远人》。

同样的相思，小晏的拿捏远不如父亲闲雅从容，他笔底有痛。相思无处寄，便和泪濡墨抒离愁，情到深处已然成痴，竟至红笺无色。笺浑然是因了深情而彩色褪尽，那信笺之上，墨、泪、情，已是浑化难分，让人凄楚欲绝。以泪研墨，以泪和墨作书，以深情致红笺无色，这份巧思至情唯有晏小山。

陈廷焯曾赞："就'泪墨'二字，渲染成词，何等姿态！"

小晏写红笺泪痕的词句颇多，"欲写彩笺书别怨，泪痕早已先书满"的痴怨，"相思处，一纸红笺，无限啼痕"的伤怀，"相思本是无凭语，莫向花笺费泪行"的决绝……诸如此类，最为动人的还是"此情深处，红笺为无色"。

写"红笺无色"的还有纳兰。纳兰的痛比小晏更甚——红笺向壁字模糊，忆共灯前呵手为伊书。（纳兰性德《虞美人·秋夕信步》）

记忆如此清晰——那一纸红笺曾经也笔墨清晰，而今却字迹模糊，难以辨认了。回想那夜，夜凉如水，我在桌前执管书写，桌上便是这纸红笺，你的酥手在我的手边，玉腕与红笺相映成趣。而后，你用双手覆在我的手上，执我之手为我呵气暖手。红笺纸，白素手，疏淡的墨，纤细的字，和被灯光映在墙上相拥的身影，便是那夜不灭的记忆。

"忆共灯前呵手为伊书"，整首词，最爱这句。淡淡一句清语，乍一读，心底就汪出了一股暖意，荡漾着满满的柔情。比之"红袖添香伴读书"更温暖，比之"何当共剪西窗烛，却话巴山夜雨时"更为深情款款。呵手，无非相伴时一个小小的细节，竟能留在记忆最深处，不为着呵出的一口气息，而是那一份留在手心隽永的温暖。她的柔荑在我的掌心，呵气成暖。红笺无色又如何？

红笺与薛涛有关。那年，她生了一场名为爱情的病，与那个比她小十一岁叫元稹的诗人，抵死了的缠绵。终于，他走了，只剩了她一个人的相思，住在浣花溪畔，做道姑，种菖蒲。春来花开她便采撷花瓣捣成泥再加清水，掺胶调匀，一遍一遍将花胶均匀涂抹在纸笺上，再一张张压平阴干，这就成了"红笺"。一纸红笺一纸相思，由最初的诗词酬和，到后来的只有去时雁全无来处音。

薛涛在红笺中染下相思谶语，几生几世，唐宋元明清，任谁也逃不掉的魔障。

信笺里还有一种乌丝阑，也称乌丝栏，是一种有墨线格子的纸。一些有情人将盟誓书于乌丝阑上，于是，"乌丝阑"在一些诗词里也指代誓言。

我用乌丝阑来抄小楷，《心经》《汲黯传》，各种诗词，唯怕填相思。

还是纳兰，连写乌丝阑也字字作相思泪。"犹记碧桃影里、誓三生。乌丝阑纸娇红篆，历历春星。"来自纳兰自度曲《红窗月》，有着张爱玲颓靡的奢华。朱红的窗棂，漆黑的天幕，幕上一个陈旧而模糊的黄湿月晕，洞穿窗框。隔着三百多年回望纳兰的这轮月，已经不能仅借张爱玲"苍凉"两个字来笼统概括。因为，月影里寄寓着一个男子三生三世的盟誓。

誓言多美。"山无陵……天地合，乃敢与君绝。""在天愿作比翼鸟，在地愿为连理枝。"乌丝阑纸笺上写就的誓言，还有我们携手同施的娇红篆印，而今仍似天上的星辰一般，清晰可辨。可直到现在才知道，誓言是如此不靠谱。话还在心里，字仍然清晰，人却随风而逝。在时光里，什么都留不住。深情如纳兰，也只能借着这些墨迹，在岁月的光影里，洇出一抹痕。生死两隔，乌丝阑的誓词亦是一纸空。

笺，刀戈竹伐，就是来软软地刺痛人心的吗？

元代阮大铖倒有一个杂剧《燕子笺》，算得完满结局，书生小姐有情人终成眷属。人世爱情，谁不愿完满？

【释义】

笺（jiān）

注释：笺注。

小幅华贵的纸张，古时用以题咏或写书信：便笺。信笺。

书信：笺札。笺牍。华笺。

文体名，书札、奏记一类：笺奏。奏笺（多呈皇后、太子、诸王）。

帖

一封琐屑家书能传世，怕只有《深秋帖》吧？因为帖中的爱情，是赵孟頫和管道升式的平淡。祖父亦是我的帖，时常得照着他的性情临一临，人生才不致走样。

最近在旧书摊淘到几本 20 世纪 80 年代小楷字帖，一本王羲之，一本成一心，一本《灵飞经》，都是武汉古籍的版本，美而有旧气。尤其王羲之与《灵飞经》，一反写帖朴素无华常态，封面线描的飞天仕女，衣裙飘曳风姿绰约。

得了三种好帖，我便也将久已不习的小楷拾起来。

我曾习字是因为祖父。祖父善书，各种年节红白喜事，都被请去书写对联。而我便一直做着小跟屁虫，给祖父打下手做着裁纸折字格的活计。待我对打下手的工作已经熟稔，他便敦促我开始习字。祖父自己习的是褚遂良，却让我习柳公权。他说，颜体浑厚，欧体笔力刚劲，都不适宜女孩，赵体灵秀而难习得其中韵味。他自己习的褚体又妍丽，软塌塌的，不如柳体挺秀骨力遒劲。终于选了柳公权，瘦劲的，像祖父的模样。他说，女孩学柳体好，行止都端庄。只是我这个乖小孩总暗里要较劲，学过一阵之后便不肯再学，后来干脆改弦易辙，颜、欧、赵都各个轮番练一阵。以致终于四不像，也丢开不管了。

有一年得了本老帖，是《汲黯传》，简直爱上了祖父曾经说过赵孟頫的灵秀。

读子昂《汲黯传》，如见得一个魏晋士子，雍容秀逸，又简静平和，提按使转，方圆兼施，有轻裘缓带之风。见人见字，我都是"气质协会"的，所以一见《汲黯传》这份气韵，便钟情了，才又寻出笔墨纸砚来习赵体小楷。他的《洛神赋》亦是妍丽洒脱，宛若游龙，真真将曹子建的洛神风姿卓然地捧出，顾盼间皆有情。

可惜我总是天资欠了，连形都摹不像，更遑论神韵。现在看来，爷爷是真知道我的，赵孟頫的字于我而言，就是那洛神，她轻云闭月，而我，只在泥地里一身污浊地膜拜。

《深秋帖》也是子昂的，是管道升写给婶婶的一封尺牍，述思念，道家事，仅此而已，甚至些许絮叨，连蜜果、糖霜饼、郎君鲞、烛这等小礼都一一写来。在这个深秋的夜里，赵孟頫援笔濡墨，将道升口述付诸信笺。

《深秋帖》即便尽是家事俗务，被子昂一写竟也优雅松弛。全不是《洛神赋》的端丽，亦没有《汲黯传》的雍容矜持，反显得随性而自在。以至于竟似随手将落款写成了"子昂"，惊觉时，方才改过，将"子"改作"道"，"昂"改成"升"。二人的名字从此你中有我，我中有你。

一封琐屑家书能传世，怕只有《深秋帖》吧？因为帖中的爱情，是赵孟頫和管道升式的平淡。

读书帖自然少不得《兰亭序》。初见《兰亭序》时，我仅六七岁，在祖父口中几乎此书只恐天上有，世间哪得几回闻。我自是不懂，只觉得比祖父的好看，也似乎没有好看太多。直至成年后，再读"永和九年，岁在癸丑，暮春之初……天朗气清，惠风和畅……"竟读出了春风十里迎面来，逸趣无穷。兰亭雅集不但从序文中可见端倪，王羲之行书更能契合那份曲水流觞的风致。墨色浓淡干枯湿润，笔势轻重徐疾，结体俯仰顾盼，尽在二百余字间。几乎可见先生一手执酒觞，一手捉笔，微醺之际一气呵成运笔立就。启功先生论书法有言："不衫不履，转见风采。"虽是评唐太宗书法，我竟从《兰亭序》里见得这样"不衫不履"的潇然洒然。想着太宗毕竟是皇帝老儿，若说雍容妍逸有帝王气，那古今可与之媲美的大约没有。但看"不衫不履"，王羲之恐怕更胜几筹？如《兰亭序》这般墨韵里有酒韵，是真名士自风流的做派，几千年醉了无数文人墨客。

不过，近些年见得凡夫俗子竞相临王羲之，竟把我对《兰亭序》的胃口也败了，竟流于俗一般，觉得太过完美便缺了生动。逐渐移情别爱，转而喜欢一些更随性的尺牍书帖。

米芾《焚香帖》便是其中之一。

"雨三日未解，海岱只尺不能到，焚香而已。日短不能昼眠，又人少往还，惘惘！足下比何所乐？"区区三十五字，写阴雨不歇，写旅途绵延，写焚香，写寂寞，写自我观照……直是陆游诗里"矮纸斜行闲作草"的百无聊赖啊！读此帖，信笔而来一样可达烟云掩映之境。即便闲极无聊，米癫仍是丰神俱佳一士人。

声色记——最美汉字的情意与温度

传世名帖太多，我功力不逮，于行草一类只好匍匐在尘埃里膜拜，至多临一临小楷罢了。祖父亦是我的帖，时常得照着他的性情临一临，人生才不致走样。

【释义】

帖（tiè）

学习写字时摹仿的样本：碑帖。字帖。画帖。

tiě

便条：字帖儿。

邀请客人的纸片：帖子。请帖。

写着生辰八字的纸片：庚帖。换帖。

量词，用于配合起来的若干味汤药：一帖中药。

tiē

妥适：妥帖。安帖。

顺从，驯服：服帖。俯首帖耳。

姓。

蠹

> 读书人是乐于自称"蠹鱼"的，寄身在书里只啃着神仙字，清风习习焚香跌坐，小窗偃卧月影到床，一日日滑着过去。人间事，不过冷了向火困了眠。有书作枕，便是神仙。

　　蠹鱼不是鱼，是小虫子，躲在书柜衣橱里哼哧哼哧地啃，不消一年半载大衣就被打了个小眼儿，书也缺了个小角。据说蠹鱼古称"蟫"，大约因为啃衣吃书而形制似鱼，又名衣鱼、书鱼。可我偏生与它斗了经年也始终没见过真容，它像得道高人，仙履无迹。《酉阳杂俎》里有证曰："蠹鱼三食神仙字，则化为此物，名曰脉望。"说的是蠹鱼如果三次吃到"神仙"二字，就会化为神，名为"脉望"。

　　又或者它是真有仙范，以书为食不比餐风饮露更得仙道？你再看那饱学之士，几个不是飘飘若仙？这样看来蠹鱼和学士几可画等号了。清人赵翼有一首《蠹鱼》，写他与蠹鱼"争书"的情形："归里间无事，仍寻乱帙繁。蠹鱼走相告，此老又来翻。"书中蠹鱼纷乱奔窜，惊呼："快跑，这老儿又来翻书了!"可不是画上等号了?

读书人是乐于自称"蠹鱼"的，寄身在书里只啃着神仙字，清风习习焚香趺坐，小窗偃卧月影到床，一日日滑着过去。人间事，不过冷了向火困了眠。有书作枕，便是神仙。

我却总不敢称蠹鱼，镇日混迹俗世无法以书作枕，啃过的也是有限几本。日前爱读苏轼尺牍，便有人夸爱学习，我回："这是玩儿呢。"读书真真是为好玩，如今日子过得匆忙，便在匆忙之余找些好玩，比如你爱运动他好赌，都一样的玩。几壁书橱壅塞了，床头几上随手触，要的就是随性。

读书哪有那样高深，需要弄个神龛供起来?有朋友说读书要系统，从当代读到民国、元明清、唐宋魏晋……秦汉、春秋战国，得往回里读，也有说中国小说读不得，小说还是西方好，还有强调读书必得做笔记，书不能折角，读完后还得跟新书一样，非得名著不读，当代人的书根本不能读，家里藏书得以万计才行……哎呀，总之规矩一大堆，大约这才是真爱书，真蠹鱼。我不是蠹鱼，也不藏书，不读的书坚决不买，还因为总没算清楚，若有几万册藏书，终我后半生还能不能读完。读不完岂不是要抱憾终生?买了书居然读不完，得算人生最大遗憾了吧?至少我是这么想，为防此类遗憾，坚决不做藏书家。读多少就买多少，买了必须读完，此为人生准则。我读书也从不正襟危坐，但凡能躺着靠着绝不坐直了，手边还搁支笔，读得高兴了便抓起笔作旁注，以为自己是脂砚斋呢。躺着靠着有一大好处，读困了把书一扔直接就睡，书折角了还是摊开变形了，睡死过去谁还管呢?我其实也想过将书好好供着的，外书封不拆，再弄个书签夹着。往往出门就爱买书签，一图读书可用，也为书签好携带赠人，丝、竹、木、金属、叶脉、绣花、錾刻、粘贴……各种质地制法书签都有。多半送人了，被送之人回答："我又不读书，你送我这干啥？"少半自用，用一阵还觉得麻烦，折个角多方便呀，便随手夹进哪本读过了的书里再也不记得。下回出门还买。

至于其他禁忌我更没有，管他古代现代国内国外，我的原则只俩字——好玩。可以将鲁迅王小波冯唐韩寒拉到一起，也可能搬了《逍遥游》《山海经》《琅嬛文集》排排坐来慢慢啃，金庸、古龙、现在叫庆山的安妮宝贝、张悦然，还有那谁谁谁都读。今天读老苏，明天或许就张宗子了，后天也可能《三侠五义》《卡夫卡》，或者同时读王世襄张充和周作人。笑起来人仰马翻，在人群里读伤心了也不管不顾泪眼潸然。还是两个字，好玩。无论读谁，总能对照着找出自己的毛病，愈读愈凛然生出更多敬畏来，后脑勺凉飕飕的，似乎总有人唬着个脸在身后督着我向前。

我仍旧做不了蠹鱼，啃的书太少。谁可做蠹鱼？陆游呀，"吾生如蠹鱼……一生守断简"；赵翼呀，他都与真蠹鱼争食呢；张岱呀，心心念念的便是"琅嬛福地"里住着，读遍洞府中好书；知堂老人呀，一部《知堂书话》道尽多少蠹鱼心……我认得的师长里亦有许多，钟叔河先生、聂鑫森先生，他们都点燃一盏读书灯呢！佛法有偈云，千年暗室，一灯即明。书亦是灯呢。

虽说读书人都愿做蠹鱼，真蠹鱼还是挺讨人厌的。于是人们便翻了皇历来找曝书日，好歹选中了六月六，叫"天贶节"，专门晒蠹鱼。东晋有个叫郝隆的，在曝书这日并不晒书，只袒胸露腹自个儿在太阳底下晒着，人家问干吗，他自拍拍肚子道："晒书呢！"这是魏晋风度，真神仙。

关于蠹鱼化脉望，还有一个后续故事。说的是有好事者在纸上写了无数个"神仙"，专事喂蠹鱼，大约希望喂出一二神仙来，却不及蠹鱼化脉望，自个儿已经痴了。不做真蠹鱼，怎么做得了神仙脉望？世间诸事，最是读书不能功利。

蠹鱼还是一味中药，性咸温，无毒，主治小儿天吊、小儿疾、目中浮翳、小便不通。

书里藏着的便六月六曝一曝，衣裙里若有，我还可以教一个法子，芸香可杀蠹。

【释义】

蠹（dù）

蛀蚀器物的虫子：蠹虫。木蠹。书蠹。蠹鱼。
蛀蚀：流水不腐，户枢不蠹。蠹蚀。蠹弊（弊病，弊端）。

萤

萤火虫怎么不是小花精？自古以来入了诗
词无数，它们扇着翅膀就飞进去了，直欲
抢了所有入诗意象的微光。

"萤火虫，萤火虫，飞到东飞到西……"我将小时候祖父教
的儿歌念给小姑娘听，她问："萤火虫跟蜜蜂差不多吗？它怎么
提灯笼呢？它也嗡嗡叫吗？我们把它抓了放进玻璃瓶里，会像灯
泡一样亮吗？……"连我都不记得多少年没见过萤火虫了，孩子
们漫画书上的萤火虫都有着人头、蜜蜂身子，几个触手幻成人手
提一盏橘黄色灯笼。

自我有记忆起就知道萤火虫每年从初夏飞到中秋，可以与我
们游戏整个夏夜和半个秋。晚饭过后，祖父拿了蒲扇在天井里一
坐下，我们便搬把小竹椅蹭过去，听薛丁山征西、穆桂英挂帅、
聊斋故事……穿堂风灌入，把暑气都赶走了。讲到天井上方的月

声色记——最美汉字的情意与温度

儿都睡去了，星星也眨巴着惺忪的眼，几只萤火虫从厅侧的小门悄没声息地蹭进来，朝我们直打量。于是，祖父又讲了个车胤囊萤的故事。

我们也"囊萤"，用玻璃瓶装了，覆一层白纱布，拿橡皮筋扎紧了搁在枕边。半夜也不肯睡，看它们簇拥在一块儿，一闪一闪，比星星还好看。黄绿的光只勉强照得见一小圈而已，断不能就着这点亮光去读书啊！我曾经跟弟弟讨论过，他很鄙夷地回一句："多捉些不就亮了？"

捉萤火虫是件快活事，比坐在穿堂风里听故事还快活，母亲说萤火虫喜欢待在丝瓜架下。侧门出去就有一架，正挂着碧绿长长的嫩丝瓜，小花儿娇滴滴地黄着。藤蔓在架子上努力爬，睡一夜就爬好长一截，柔软而牢实地缠着瓜架，前一天还是杯盏口大的叶子，这会儿已经抻成一个巴掌。丝瓜从小小的一蒂，像扯面一样，没几天就扯成一根长条。地底下是积了肥的，到夜里经露越发渥出一股湿腻的味儿，与丝瓜的清气混着，又好闻又不好闻。总之，丝瓜每天都在变化，而萤火虫则似乎永远都在花蕊里、藤蔓和巴掌叶上等着我们去捉。

它们有着清瘦的"身材"，一对黑色的外翅像背了一个壳，打开了内翅振动才能飞。偶尔也能见到金色外翅的萤火虫，通体金黄，唯顶着一双深褐色的大眼睛。发光的地方在它们的小肚子上，伏在丝瓜花蕊里时，像极了一个小花精，浑然就是由花里生花里长，做了花的神。这朵花变了丝瓜，那朵花里又长出一个小精灵。小精灵都很乖，伸手就可以捉到，不像脚底下不停骚扰的蚊子，只管侵袭我们，费九牛二虎之力也难拍死它们。小萤火虫们飞得也缓，星星点点黄绿的微光，更有仙气了。

萤火虫自然不是由丝瓜花里生的，祖父念了一句话，大致是"季夏三月……腐草为萤"，我依然不信。

　　萤火虫怎么不是小花精？自古以来入了诗词无数，它们扇着翅膀就飞进去了，直欲抢了所有人诗意象的微光。如"轻罗小扇扑流萤"之类，几乎人人能吟。只是古人爱矫情，偏将萤火虫这样好物写得凄然。是因了它们发出的清光，还是为着与秋愁同染呢？这样乖态的小玩意儿，我心里总喜的。

　　我们总没捉够亮到用以读书的萤火虫数量，祖父不让，说它是益虫，光吃啃丝瓜叶的小虫。偶尔也捉几只放进蚊帐里，它们果真跟我们玩。祖父仍旧不让，说会钻进我们的鼻孔和耳朵，玩一会儿便放出去。每次打开帐子，看它们从窗口飞远，我更疑心夜里它们是住在花里，打一盏灯笼是为照见回家的路吧？

　　也有"迷路"的。一回起得早去摘丝瓜，想叫母亲做个丝瓜酿肉解我们的嘴馋。草里的露水真好，凉浸浸的，我穿在拖鞋里的脚指头快活地要撒开丫子出来。挂架上的丝瓜们一根根濡湿地挂着，小黄花和小巴掌们尖尖儿上都悬着露，我凑过去，冲着它们吹气，然后用鼻尖去接，好玩得紧。不提防，脚丫子里有小东西在蠕动，蹲身看时，一只小萤火虫。它是昨晚没找见花的"家"吗？漏夜在露里浸着，竟可怜成一个淋湿了的光头小和尚一般。后来我读诗，读到"露草沾湿萤"的句子，几乎揉着肚子来笑。我见过"湿萤"啊，狼狈的"小和尚"，而且，小姑娘救了"小和尚"，我送它回到了一朵花里。

　　什么时候不再见萤火虫？居然没察觉。

　　明朝有一个叫"叶大叔"的诗人写萤火虫，末了两句是："黄花秋老后，未识汝何归。"秋还没老呢，竟再也不见了。

【释义】

萤（yíng）

昆虫，黄褐色，尾部有发光器：萤火虫。

矿物。具有玻璃光泽，受光或受热后常能变色，亦称"氟石"：
萤石。

牖

我打探不到屋子的前主人该是何等样貌才情，只叹江山风月本无常主，这刻能倚牖赏花便得了人间喜乐。

这会儿我正坐在飘窗上，往电脑里敲字。窗朝南，初夏的风温柔得像个姑娘。若在古代，我这叫倚南牖而望。今天正十五，一抬头还捡到一个大白月亮。

夜来风里没了暑意，倒有一丝姑娘软软的笑意，清凉薄荷味。想起了，唐代王棨有篇《凉风至赋》，似乎写初秋，通篇四百余字，专写秋风肃杀，最好就这八个——北牖闲眠，西园夜宴。

这两句简直不像唐人的句子，像魏晋或明清，自由散淡得没有一丁点虚与委蛇。——诸葛亮也唱"我本是卧龙岗散淡的人呀"，其实存着姜太公之心。唐人仕途之心更明白，孟浩然就直接给张九龄写希望得到引荐的诗，说："坐观垂钓者，徒有羡鱼情。"

好吧，扯远了，"牖"就是窗户，或者说，窗以前称"牖"。

《说文解字》里解释："牖，穿壁以木为交窗也。"又注解："交窗者，以木横直为之，即今之窗也。在墙曰牖，在屋曰窗。"

渐渐直白地叫"窗"，大约因为窗也越来越直白，纵横几根基，通透俩玻璃，看月亮也直白，比如一个美人四仰八叉在你面前，总欠了蕴藉。

人们凿户牖以为室，最初只像鸟窠兽窟，日落而返权当巢穴用以栖身。后来墙才洞开一个口，有了窗，有了光，有风灌入，坐在屋子里可观屋外景。这是牖，通风透光观景，顺便也成了景的一部分。比如户牖深青霭，庭阶长绿苔；比如朝夕闲坐看云，镇日依牖读书。

那户牖窗格样式多而美，直棂、卍字、冰纹、梅花……天凉糊纸暑来蒙纱。《红楼梦》第四十回两宴大观园，一行人一早就由贾母领着逛园子，行至潇湘馆，贾母因见窗上纱颜色旧了，便和王夫人说要替黛玉换窗纱。王熙凤随口数出几种，说是"银红蝉翼纱"，有各样折枝花样的，也有流云卍福花样的，也有百蝶穿花花样的……贾母更正道："正经名字叫作'软烟罗'……一样雨过天晴，一样秋色香，一样松绿的，一样银红的……远远地看着，就似烟雾一样，所以叫作软烟罗，那银红的又叫作'霞影纱'。"一样窗纱尚生出这百般浮艳，户牖之美该当如何？

再做不成古人，而欲见其美，当往江南。苏州、杭州、徽州，往往一树梨花后小院清雅，户牖精工。绕影壁而入，月洞门里一池清碧，湖石瑰奇修篁弄影，让你疑心会否隔水送来笙箫丝竹音。穿廊过庭，一些曲折都是良辰佳景。撞入一扇门，空荡荡无一人，自是一室虚白。偏往北牖一望，菱格小窗半推开，中庭竹影青绿婆娑，简直是仙人入来凑兴摹出一幅修竹图。

再行至西厢，春牖洞开，罗纱微卷。窗内高床软帐隐约，瞟一眼心上就能生出一些儿抓挠，隔纱帘还见得古琴一张，香炉一个，书籍两三部。想着若有小姐扃牖而居，焚香、弹琴、读书，慵倦时含情思春，怕会引得这窗外蜂蝶窥探，柳枝竞拂拭。

徽派建筑更精雕饰。有年去黟县，走得累了不肯上黄山，便去南屏。那日才落过一场雨，影影绰绰的远山作了背景，前景是几畦油绿的菜，衬得作主体的粉墙黛瓦无比洁净，又极清素。走近见了那些门楣窗牖，才知简直是错过了一场盛世的繁华。任一座院落木雕都精工细作，山水人物飞禽走兽、蝙蝠祥瑞如意麒麟、梅兰竹菊缠枝纹样……一出戏也可唱到门楹之上。又或许这里的每一扇门窗后，都曾经咿咿呀呀演着一幕幕剧，风月无边。

走一阵居然听到胡琴拉起了西皮流水，踅摸着找到一个老院子，门里黢黑，眼睛眯半天才适应，一个老者坐在堂屋里边拉边哼曲。我径直走过去搬张椅子坐下，笑着示意他继续，就跟着那曲调让神思飞了半天。听罢曲照旧参观屋子，天井前的大水缸里养着锦鲤，影壁上刻着芍药，廊檐下巧雕着吉羊，一切都老旧得似乎与我们隔着时空。走到后窗时，我真实地被击中了，一声"呀"只有半截，另半截生生停在张大的嘴上。那是一个花窗，回纹与花结交错回环。让我怦然心动的是漏窗的那边几朵雍容的牡丹正笑得气韵非凡。我就隔着窗看，生怕切近了会惊扰了它们。我是俗物，它们却非凡品。

老者说是这屋子前主人祖上留下的品种，荣枯几度，百十来年了。我不知真假，但信任这满屋子旧时风华。

　　我打探不到屋子的前主人该是何等样貌才情，只叹江山风月本无常主，这刻能倚牖赏花便得了人间喜乐。

【释义】

牖（yǒu）

窗户：牖户。蓬牖茅椽。

肆

行止记

还是简单一些吧，与人与事与世界，清简而能瓜瓞绵长。

瓜瓞绵长的清简须具了仙气才能得，

蒙顶甘露清甘，难怪长久保持了仙气。

喜

那一绺阳光里有些尘灰浮动，也是金红的。一切都浮着热烈的喜气，幽微而隐秘，偏生人们都自顾自挑拣，喜不自知。

"喜"最是个俗字眼，如恭喜发财、可喜可贺之类，简直是一副老江湖皮笑肉不笑的模样。什么欢天喜地、欣喜若狂之类，也是夸张的俗套，像周星驰的演技。抬头见喜、喜从天降更是那无知无识老妇人阿弥陀佛念来一般，生生将一桩平凡事裹一身粗制滥造的尼龙绸，更将喜拉低了两块五毛。

喜大约是极个人的体验，若放大了摆上台面，热闹倒热闹了，兴味竟减了。

莫如浅浅问一句："你可欢喜?"既然俗，便俗到落地方才妥帖。

比如早晨，阳光恰好，不凉不灼，拎个布袋去买菜。各色菜蔬肉蛋鱼虾壅塞了，人们也在其间穿梭，慢慢翻拣。水泱泱的水芹摊开来，占了大半个畚箕。青椒红椒小尖椒大灯笼椒一并开家族会，一只手叉开了大巴掌笊篱似的挖进堆里再一股脑翻出来，五个粗短手指便开始灵巧地拣出最新鲜的辣椒一个个往盘秤上扔，瞅瞅才明白原来五短身材都精干。各个肉铺除却陈设略有变化，案板后掌刀之人各有不同，其余倒仍旧跟范进岳丈胡屠户的肉铺差不离。半空悬一溜乌油油的铁钩子，尚还温热的一爿爿肉就挂在钩子上，溜尖的钩子从白生生的肥肉里穿刺出来。有顾客扒拉着逐个看钩子上的肉，摇摇头走了，那几爿肉兀自在案板上空悠悠荡着，空气里温热的腥膻几乎也荡起来。卖鱼的妇人系条黑橡胶皮围裙穿双黑橡胶皮雨鞋，在湿地板上踢踏踢踏来回走，抓鱼剖鱼，手上功夫不输砍肉的大哥。一尾四五斤的草鱼她手一操便稳稳地攥住了，鱼尾用力甩出优美弧线企图挣脱，她已经使刀背将鱼敲晕扔上了沾满鱼鳞的砧板。满脸褶子的老太蹲在地上卖南瓜花，大朵金红金红的花瓣上青绿的脉络有迹可循，花心里还带着露水，颤巍巍映着头顶檐缝间射进来的阳光。那一绺阳光里有些尘灰浮动，也是金红的。一切都浮着热烈的喜气，幽微而隐秘，偏生人们都自顾自挑拣，喜不自知。

又或傍晚一个人出门，带一本书去见喜欢的人。这会儿天光还好，一抹红云在半空里浅浅漂染，正五月，风里有栀子花香。循香去寻，一处拐角里隐着一株呢。几朵莹白的花也躲着，在深碧的椭圆叶子后面企图秘而不宣，终究香气出卖了它们，你凑上去更可碰一鼻子莹白的香。也掐一朵吧，送给喜欢的那个人。栀子花梗夹在书里，新鲜的黛绿油亮地衬在素白的书页上，这页写的是春菰秋蕈，与花一样的嘉物。封面是三联特有的清素，细纹里精装，银灰蓝，上头顶着白栀子和一片油绿的叶。书是王世襄先生的《京华忆往》，你想将一切好玩之人介绍给喜欢的那个人，先生各种癖好俗到极致成了雅，是苏轼、张岱之后第一等好玩之人。

你抱书走，蓝碎花布鞋踢着路边的小石子，嘴角弯出一弧笑。笑自己先前还颇有过一些小纠结，一个小心脏里好些个小家伙在吵吵。穿花些还是素些，阔大些还是修身些，旗袍抑或泡泡裙，新衫子还是旧袍子，妆容该怎样……从铺了一床的衫裙里终究拣出一条半旧的素麻长裙，半旧才能有笃定的自在，朴素自然还干净。寻出眉粉淡淡一扫，唇也略抹一抹淡红，以清秀配素净，便是寻常模样。停当，出门。

一切都淡淡的，似傍晚的风，没有浓稠得化不开的炽艳，只淡淡的眉眼间隐着一些儿小欢喜。

他大约已经吃罢晚饭，正往小院子里搬小茶桌，老榆木的小桌子颇有些分量，再添两把老竹椅，坐上去它们咯吱咯吱互相调笑。喝什么茶呢？夜来不宜生普，太霸道，连睡也巧取豪夺去。家乡有种毛尖唤"狗脑贡"，倒适宜初夏夜，板栗香稠，啜一口能香得打滑，却也醒神。老黑茶得煮，秋冬更好。那就普洱熟茶，茶柜里翻一饼十余年的老茶，拿茶锥戳两三泡的量可喝到子时了。他泡熟普的壶是一把老紫泥的石瓢，壶养得包浆润泽。陈年熟普入口滑软，甘香也幽秘，淡而沉厚。他就执一本书，坐在老竹椅上喝着茶等你。

你来了，他也不起身迎，只冲你一笑："来了。"你也只往椅子上坐下去，将书搁在他手边，等他为你斟满面前你专属的老青花杯。他将手里的书换给你看，顺手将你给他那书里的栀子花搁进桌上的土陶小花插里。他的这本是黄仁宇先生的作品《赫逊河畔谈中国历史》，亦是三联的版本。先生谈历史是你们共同的心上好，没有庄重板正学术性论证，从历史不经意的细节里也可挖出新见地。便喝茶读书，他读闲情你读史，读到妙处偶尔抬头聊几句，会心一笑。至掌灯时分，就移了落地灯在头顶照着，一二飞蛾来凑兴，你们也懒得管。

中夜，喝茶喝得有些慌了，他便从藏酒的橱柜里扒拉出一坛子陈年的黄酒，又变戏法似的捧出一包熟毛豆。灯下毛豆就小酒，简直欢喜死了。

酒微醺，人倦了，他送你回家。路上，顶着半个迷蒙的白月亮，眯缝着眼看路灯下你们拉长的影子。

摆摆手看他转身，你便开门，满屋子甜腻的小米粥香气揽你入怀。想起了，出门前你在电砂锅里慢火炆着小米粥呢。才喝了小酒，再添半碗小米粥，云胡不喜？

小欢喜，才如意。如意也是俗字眼。

【释义】

喜（xǐ）

高兴，快乐：欢喜。

可庆贺的，特指关于结婚的：喜事。

贺喜。报喜。

妇女怀孕：害喜。她有喜了。

爱好：喜爱。

适于：喜光植物。海带喜荤。

姓。

闲

诸子里真闲人只有庄子了，做自由之龟，游乐之鱼，栩栩如蝴蝶，夫人离世也鼓盆而歌。闲是像云一样，停在半空，像月一样跃入门来，是不知身为蝴蝶抑或庄周。

若评最美汉字，在我的字典里，"闲"当列榜首。可"闲"兄斜乜着眼懒懒地回一句："我原自在，要这劳什子作甚?"

闲兄是高士，如天上云、云中月，御风而来，月到门时，便得了一"闲"字。月到门时是古繁体的"閒"，月到门时也是僧仲殊《诉衷情》里的句子——"钟声已远，篆香才点，月到门时"，钟声添空境，篆香造幽氛，都为月。这钟声不是寒山寺夜半初闻的洪钟大吕，是向晚时敲响的余韵，殷殷切切拖长了，缓慢地洇进带风的夜空，愈轻灵，愈清静，最终走入夜里拐个弯，消失了。晚钟响过，篆香才点，月光已追上来，映得门前中庭空明一地。

"钟声已远，篆香才点，月到门时。"这样的文字，不带一丝火气，仿佛是天生的好句子，让你吧咂吧咂半天，还觉得它哪儿都好。

"闲"总是仙家笔法，却又不是烟视媚行的女子，虽然一样有林下风气，一样的如月光淹然漫漶，可女子终究柔了，是清隽小楷，少了逸笔。闲是庄子，不是老子，更不是孟子、韩非子。

孔子偶有闲心——子之燕居，申申如也，夭夭如也——这句话大致意思是："孔子闲居之日，整齐而又舒和。"大约某个冬日，孔夫子居家负暄读书，偷得浮生半日闲，于是被弟子记录在册。《论语》里最闲的是"暮春者，春服既成，冠者五六人，童子六七人，浴乎沂，风乎舞雩，咏而归"。不过，这是曾点的闲，孔老二自幼家贫又逢乱世，自然立远志，即便后来携弟子周游列国，创儒家学派，终是操劳多于闲适。

老子喊着"无为"的口号，每天絮絮叨叨："道可道，非常道""人之所畏，不可不畏"……孟子更甚，干脆板着一副脸孔说教："不以规矩，不能成方圆。""老吾老，以及人之老；幼吾幼，以及人之幼。"

哎呀呀，想想都像孙悟空整天对着唐三藏，头皮也麻了。

屈指算算，诸子里真闲人只有庄子了，做自由之龟，游乐之鱼，栩栩如蝴蝶，夫人离世也鼓盆而歌。闲是像云一样，停在半空，像月一样跃入门来，是不知身为蝴蝶抑或庄周。

不过，要列出古今闲人排行榜，庄子怕也进不了前三名。

第一等闲人是张岱。有的人的闲是天生的，如张岱。

明清之际真是好时期，文字里老子孟子朱子们几千年的正大端容，到这会儿忽然有些俏皮了，有些性灵了。张岱便生于这个时期。张岱字宗子，号陶庵，绍兴人。

张宗子的闲是繁华而寂寞的，像热闹过后心里空荡荡撞出的回声，一点点铺陈成梦。《陶庵梦忆》《西湖梦寻》《琅嬛文集》……都是他的闲梦，留待繁华过尽后犹来耽溺其间。他自做着富贵闲人，书蠹诗魔，好不风雅。即便后来时乖运蹇，仍游历山水间，无怨艾，无悲怆，写着空明的文字，直至死亡。

张宗子文字均由闲中着色，犹如冰雪，几乎无须细细咀嚼，仅凭直觉便可知其好。他的好，不是治世经纶的官家气质，也不算狂放不羁的布衣文人，他的好似庄周梦蝶，逍遥自适。

他爱热闹，愈热闹到烈火烹油愈欢喜。他也不去往前凑，自鲜衣怒马在一旁闲看。

七月半，他往西湖看人。于是，夜半里湖，小船轻幌，净几暖炉，茶铛旋煮，素瓷静递，与满湖鼎沸人气似乎隔了一个维度。等到众人散去，干脆酣睡于十里荷花中，在拍人香气里做一个清梦。

他看柳敬亭说书，说到筋节处，叱咤叫喊，空缸空甓皆嗡嗡有声。

他看美人，写妓女王月生竟如神仙中人，没有一丝狎亵。月生貌美如建兰初开，又善楷书，画兰竹水仙。月生气质不俗，众女见她纷纷自卑躲避。月生交游高致，俗人亲近半月也得不到她一句言语，却与高士闵老子交游。这哪是写妓？竟仙似天上来人。张岱有贾宝玉心性，待女子亲而不狎。

大雪三日，他到湖心亭看雪。这夜，世人皆深居简出，飞鸟都不现身，恍惚有柳子厚绝句《江雪》里的意境，却又不尽相似。子厚的"灭"和"绝"，呈现出一片死寂，清峭已绝，唯渔翁的背影在江雪里遗世独立，于渺无人烟之境泰然自得。张宗子更自适，每一笔都疏淡清远，比之子厚，少了几分凛然、几分孤傲，而更多了一些仙气，一点痴气。单只看"湖上影子，惟长堤一痕，湖心亭一点，与余舟一芥，舟中人两三粒而已"，寥寥几笔，轻轻浅浅一晕，一抹，一提，一挑，数点墨迹，一幅隽雅清旷的西湖雪景图轴轻轻展开，水墨的烟雪，清浅浮淡。天长地阔，亘古久远，渺杳清静，都在这"纸上"，而人何尝不是这浩渺中的蝼蚁草芥？置身其间，万般繁华靡丽谢幕，过眼皆空。

更得意趣的是，亭上居然早有二人铺毡对坐，烧炉煮酒。拥毳衣抱炉火，天为帐地为席饮酒赏雪，连仙也羡煞了！实在当得一浮三大白。

张宗子得算生活家，将日子过得这样繁花着锦寂寞如仙，难怪诸多女作家都发愿欲穿越回明清嫁张岱。

再来论，其实太白也闲，苏子也闲。太白是谪仙，苏子既可上天又可落地，正直而好玩，比张宗子更多些天真烂漫。但若闲至仙范，还是张宗子。

我想刻两枚闲章，一曰闲月，一曰寂寞如仙。

【释义】

闲（xián）

无事，与"忙"相对：闲暇。

指房屋、器物等放着不用：闲置。

安静，清静：安闲。闲情逸致。

与正事无关的：闲谈。闲笔（指文学作品中与主题无关的文字）。

平常：等闲。

古同"娴"，熟习，文雅。

空虚：回首总成闲。

木栏之类的遮拦物。

防御：防闲。

醺

烫过的黄酒绵软的，一股子暖香，像温良的妇人坐侍在侧，不知不觉你便微醺了。几个损友持螯饮酒，参着各路野狐禅，窗外朔风鼓荡雪粒散乱。

微醺。造出这个"醺"字的祖先必定也是位好酒之徒。"醉"实在不好，拆字来看就酒醉得死了一般，或颓靡或妄语，行止无法自控，若再加以身体上的反应，就更招人烦了。"醺"才是刚刚好，仍可笑语晏晏，甚或原本板正之人也添了几分生趣几点魅惑，披了一肩月似的，莹莹有光。

你只觉得看天天蓝，连夜空里都浮着轻云，月亮遮着半边脸对你含情脉脉。远远近近的霓虹都晕着一圈光，在夜里暗香浮动。酒造出一个浮醉的人间，你在里面微醺着，恣肆地快乐！

酒是好东西。比如孔乙己，穷得只剩几个大钱，也得排出来温一碗黄酒要几颗茴香豆站在柜台前拈着豆就酒喝。黄酒就是一出戏，西皮流水，长腔短调，咿咿呀呀唱着。几个世纪了，那些才子佳人的故事犹能将你溺在里面，拔足不出。黄酒又须陈年，时间一跌宕便浑厚了，波澜暗藏。

黄酒最宜天寒，中秋或冬至都好，前者有月，后者有雪。东坡中秋月下怀子由，才有了"把酒问青天"，太白月下独酌的微醺时便举杯邀月，明月助酒性似乎是天理。唯欠了的是，明月可照人孤独。还是白乐天适意，见晚来天欲雪便生起红泥小火炉，煮了绿蚁新醅酒，书一小笺问刘十九，"能饮一杯无？"姑且不论古时的压榨酒是否就是黄酒，夜比水凉，温一壶酒招一二好友，总是温暖些，你不见"对影成三人"里刻了多少蚀骨的孤独？

就是雪夜了，一小坛子黄酒一定得是绍兴产，运河畔谁家门前老樟树下埋了十余年的女儿红，酒铺里自酿不掺一些假的加饭酒，最不济也得古越龙山的花雕或太雕。袁枚说："绍兴酒如清官廉吏，不参一毫假。而其味方真又如名士耆英，长留人间，阅尽世故而其质愈厚。"于饮食上，随园老人不是可苟且之人，我也不是。

黄酒得温着喝，自然因为天寒，大约也为黄酒里存了岁月，不自觉就醉了。《红楼梦》第八回里，宝玉在薛姨妈处讨冷酒喝，薛姨妈赶紧阻住："吃了冷酒，写字打颤儿。"宝钗也笑："宝兄弟，亏你每日家杂学旁收的，难道就不知道酒性最热，若热吃下去，散发就快，要冷吃下去，便凝结在内，拿五脏去暖他，岂不受害。"

黄酒是稠而厚的，将年月搁在了里头，搁的年成越多越浓稠如药，可治病了。治忧伤寂寞孤独相思失恋，怀才不遇人生多舛，百般心病一醉了之。李白又发话了，举杯销愁愁更愁，那是独自喝闷酒喝到颓醉。

喝酒还是呼朋唤友的好，再煮几个小菜，蒸一屉大闸蟹。有人爱在黄酒里搁姜末略烧开，说是螃蟹性寒，姜酒好驱寒。其实，这好比好酒掺了水，不但味寡了，还添了好些古怪。就好比吃蟹，有人要大卸八块以油盐豆粉煎炒，李渔却道色香味全失了，这是妒忌蟹的美味和美观才来多番蹂躏。他主张："凡食蟹者，只合全其故体，蒸而熟之……则气与味纤毫不漏。"这显然是个可爱的老头，比袁枚捧出的整本《随园食单》更得真味。他二人倒有一点相似，爱酒而不嗜酒。李老头说："不好长夜之欢，而好与明月相随而不忍别。"袁老头说："酗酒者，不能知晓酒味的美恶，辨别是非曲直。"明清另一位可爱老头儿张岱居然不喝酒，因为家族遗传式酒精过敏，"食糟茄，而即发赪"，真真是少了许多好文章。

继续说温酒，黄酒同样须留本味。记得小时候家里有一个锡制温酒器，中间一个小酒壶，外围似小坛子，热水就倒在里面。大约金属导热快，小酒壶搁进去一小会儿酒便温热了。

这会儿要寻老锡器是不得了，隔水略烫一烫酒喝吧。烫过的黄酒绵软，一股子暖香，像温良的妇人坐侍在侧，不知不觉你便微醺了。几个损友持螯饮酒，参着各路野狐禅，窗外朔风鼓荡雪粒散乱。你微眯着眼哼着小调，谁要侧耳过来仔细听听，咿咿呀呀只听得两句——则为你如花美眷，似水流年。

时光也酿得好生醇厚。

【释义】

醺（xūn）

醉：微醺。醉醺醺。
古同"熏"，熏染。

啖

西门庆说:"今生偷情的,苟合的,都是前生分定,姻缘簿上注名今生了还。"——你啖着一根脆笋,不住摇头,这厮善辩,生生要为一己欲壑正名。

啖比吃好,吃全然没态度没味道没声色,只剩个咀嚼吞咽的动作。啖比食好,食尽顾着温雅了,明明这样好的饮食,偏拿捏着,像半老徐娘装个闺中小姐,企图以忸怩的模样掩去眉目里的欲望。啖比饕餮好,饕餮是鲁智深倒拔垂杨柳,自己尽兴了,也唬得一干人等噔噔噔后腿三四步。

一个朋友写文章,说"藏书羊肉"这个名字好,有书有食,想象着一个藏有万卷诗书的江南小镇,微凉的夜色下三五成群的人坐在八仙桌边啖羊肉汤。

我读罢,几乎跳起来要找他理论。不好不好!羊肉是不适宜江南的,更不宜书,你几曾见李逵一边啖食羊肉一边读书?热热的羊肉汤宜冬夜里大口喝，喝饱了就觉得一个冬天都不冷了。而江南小镇该细细品慢慢啜，羊肉汤要细品慢啜了，冬夜里人早就冻僵。羊肉汤还是搁在河南以北、陕西以西吧，而且冬天要冷得清鼻涕都要流将出来，羊肉汤热腾腾的腥膻味，将寒凉也焐热了。然后，重重地擤一把鼻涕，开喝！江南小镇的夜哪里承受得起这样的惊吓？

这是饕餮，宜羊肉，宜景阳冈，宜萧峰，宜大漠孤烟直，唯不宜江南。

江南宜清馔。苏州平江路或湖州南浔镇上寻家小店坐着，席上几味蔬果菜肴，太湖白鱼、蟹粉狮子头、响油鳝糊、绣花锦菜、桂花糯米藕，再烫一壶绍兴花雕。隔水的对岸小戏台上正唱着昆曲《长生殿小宴》，你便啜着小酒，啖一口嘉馔，跟了唐明皇唱："只几味脆生生，只几味脆生生，蔬和果清肴馔，雅称你仙肌玉骨美人餐。"即便独自，寂寞至此也成了仙。你耽溺得久了，或许就施施然来一佳人，烟视媚行地往你身边一坐，替你搛一口白鱼，又自拈了海棠糕浅浅地笑。她伴你饮得微醺了，你只眼皮耷拉了那么一小忽儿，她便遁去了。你看看小戏台，杨贵妃还在咿咿呀呀唱着水磨腔，眼风从唐明皇手执的酒觞流向你。嗯，须得再啖一口狮子头才可压得住花雕的后劲。左右瞅瞅，再看看自己，仍旧是凡胎肉身烟火俗人，没有狐女亦无仙。

江南、昆曲、美酒、佳肴，啖便有了魅惑力，梦里不知身是客般，飘飘欲仙。

其实，一箪食一瓢饮，清粥素食亦有味。啖粥倒宜书，且不说昔日范仲淹发愤攻书，以凉水沃面，啖粥而读。只一味清静便好，白粥，素菜，静室，就一口菜啖一口粥，翻一页书——

刘姥姥高声说道："老刘，老刘，食量大似牛，吃个老母猪不抬头。"于是，"史湘云掌不住，一口饭都喷了出来；林黛玉笑岔了气，伏着桌子嗳哟……"

——你也跟着她们一厅的主子丫鬟一起，笑岔了气，口里的粥差点呛进气管。

西门庆说："今生偷情的，苟合的，都是前生分定，姻缘簿上注名今生了还。"

——你啖着一根脆笋，不住摇头，这厮善辩，生生要为一己欲壑正名。

或读《刘伶传》，他携一壶酒，一人荷锸，谓曰："死便埋我。"便恨不得端了这粥冲天敬他一碗，敬毕，自己这厢里大大地啖一口，一个激灵，魏晋风骨上身般，粥也豪气了。

粥自然还是软软的。再读《浮生六记》，三白写芸曾言："昔一粥而聚，今一粥而散，若作传奇，可名《吃粥记》矣。"粥为素常日子，如天冷唤添衣，夜来鸡归埘。人世又偏无常，起承转合也由这一粥一饭。他二人自年幼藏粥始，至中年陈芸重病共啖一碗粥而止，相濡以沫廿余年。芸终究一灵缥缈，撇三白而去，只留他在浮生长恸。他曾刻印章两枚，上篆"愿生生世世为夫妇"，他执朱文，她执白文。她终是先离他而去了。

大约是他们太贪恋，便今生的素常也不得善终。

啖冰瓜雪藕亦是贪恋，日啖荔枝三百颗亦是贪恋，杨修啖酪更是贪恋。

溽暑不堪热，若得冰瓜雪藕简直捡个官帽也不换，瓜与藕都是当季的新鲜香甜，又冰镇了脆爽的。那滋味，岂止郑板桥"心肺生凉"四字可概括？犹在嘴里绵延数日，张翕间仿佛还留着一股清新。

老苏最是好吃之人，也唯有他，贬谪岭南还贪着荔枝美味，流放儋州犹临江汲水月下烹茶，任际遇如何，有醴醪膏蟹他自端然地作老饕，有青菜粗茶亦能啖出清欢无限。苏老夫子才是天底下一等一好玩的可爱人儿。

杨修却是太聪明了，为着一人一口酥酪，平白丧了性命。这是贪嗜。

啖有贪恋貌，而远好于嗜。

我独嗜蟹，恨不得从秋吃到春，春又到夏秋。老天自是不满我等贪心，只供一季蟹秋，菊黄蟹肥时，持螯而啖。

【释义】

啖（dàn）

吃或给人吃：啖饭。啖以肉食。

拿利益引诱人：啖以私利。

古同"淡"，清淡。

姓。

剔

庖丁手起刀落间，砉然响然，刃肉剔骨几
可合上音韵，俨然就是商汤时《桑林》舞
乐，让你几乎忽略了刀刃上凄寒冷峻的
光。剔是顶尖的冷面杀手，杀人亦艺术，
像古龙大侠笔下的中原一点红。

从来没有一个字如"剔"一般，寒光一闪又艳帜大张。

庖丁手起刀落间，砉然响然，刃肉剔骨几可合上音韵，俨然就是商汤时《桑林》舞乐，让你几乎忽略了刀刃上凄寒冷峻的光。剔是顶尖的冷面杀手，杀人亦艺术，像古龙大侠笔下的中原一点红。

剔又风情，拔下玉钗剔银灯，伴君红绡帐里，日高犹春睡。

《剔银灯》是词牌名，还有一个名字"剔银灯引"。虽说只是一个动作，却远比《点绛唇》《念奴娇》《眼儿媚》什么的更蕴藉而妩媚。眼儿媚们只能算小巷卖花姑娘，终究小门小户，那点娇俏总有些躲躲闪闪，媚态不够，明媚也不够。剔银灯是花魁，见惯人事，贩夫走卒自然入不了她眼，达官权贵亦不趋附，她自在琴前端坐，轻挑慢剔，候得那心仪书生到来方展颜一笑，倾倒众生。

如此说来，剔银灯得演出诸多剧目，杜十娘李甲算一出，李香君侯方域演一出，董小宛冒辟疆扮一出，以柳永秦观周邦彦为男主角更演了一出多幕剧。每一出幕布一拉便暗示了结局——红绡香软鼓乐喧阗，愈繁华后愈悲凉。银灯的华美，剔的寒，已经在启幕前埋下伏笔。

不曾见过银灯，在各大博物馆看得最多的都是青铜灯盏，各种式样诸般用途，都是青铜器皿特有的敦实厚重，仿佛一临世就有了笃定，可照夜读，可映剑舞，临行前母亲细密的针脚，老父尺牍里暗藏的叮嘱。而银的特质是冷艳，如美女素颜，即便淡淡睐你一下，眼风里犹有兵气，可伐人。若再添些纹饰，加些镂空雕，即便仍旧冷，也冷得秾丽，是貂裘狐衾华服里裹着的倩容，金簪玉佩，黛眉红唇。如此，便无须看你，你也倒了。

青铜灯下，夜读舞剑缝衣书信，剔开盏里结了花的灯芯，灯火总怜人一般，由晦至亮，还你一夜清明。剔银灯时竟活脱脱似《红楼梦》里蒋玉菡唱来一阕酒令，末了两句是"听谯楼鼓敲，剔银灯同入鸳帏悄"，恐怕你得谐谑了，好字眼里偏窥出冶荡心。这得怪柳三变，他一曲《剔银灯》尽是风流账，读书天气里也偎红倚翠，沉醉高睡。倒是范仲淹的《剔银灯》显得不合时宜般，本该款款婉曲的夜，他都用来思考人生了。有两句倒似乎故意来责柳永式的《剔银灯》一般，范老夫子俨然一学究，指着柳永少游道："些子少年，忍把浮名牵系？"

倒有一样相同，两款《剔银灯》似乎都读出寂寞。柳永醉亦清醒，范仲淹更清醒。

剔红也寂寞。

剔红我见过，一种红雕漆器，朱红大漆敷在漆胎上，一层复一层，层层复层层，直至百十层两百层。半干未干时，填了画稿，细细地剔去浮漆，饰以锦纹，开了一朵雍容牡丹，腾来一条飞天蛟龙，或楼阁人物曲水流觞，或仕女艺伎鼓吹歌舞，仙鹤麋鹿祥云回纹，竭尽繁盛。更盛极的在于那端正的红，饱满而肥腴，放在任何背景前都奢华至寂寞。

如错返回到北宋辰光，一跌落便撞见朱门夜宴，宫灯红烛琳琅，珍馐美酒罗致，觥筹交错，乐舞翩翩。你兀自在这里错愕，已有仆佣侍候宽衣解带换上华服，玉爵在手美人在怀，昏昏然醉在其间。夜深酒醒，你清晰地看到金觞倾侧，绿蚁四溢，美人儿颓靡，连案榻边的牡丹都失了姿色，唯有那些剔红的盏盘笼盒，仍旧繁盛。一清醒便又回溯至今，剔红成色越发秾艳，千百年时光的包浆依旧似火，汩汩燃烧。

我也曾见过新制的剔红漆器，也是那样端然的红，竟了无生气，是各种弦乐鼓吹铙钹齐发，空有热闹。

剔红是需要一些寂寞的，再施以年岁的包浆，静静地待着，以乱世做底子也罢，以盛世为背景也好，掩不去那美艳的红。

一年独自行走，在江南一条小巷一户人家喝茶聊天，案头有银壶青花罐也有剔红粉盒，一青一红并排，竟似相偎着走过了光阴。请我喝茶的老太太讲每一样器物的来历用途，银壶可烫酒，上好花雕烫过了不伤胃；青花罐里小的是养蛐蛐的，大的盛吃食，装过糖豆茶叶绿豆糕……剔红的粉盒，粉盒是丈夫送的第一份礼物，那时尚未婚配，他早上偷偷来给她敷粉。老太太牙早掉光了，也没戴假牙，嘴唇凹陷，皱纹开得如层层复瓣的菊花，说剔红粉盒时，犹抿嘴笑了。

剔银灯、剔红，都是寂寞的好，寂寞方显出那样的炽艳来。

各种"剔"大多好，只别剔牙。我曾见人一根牙签在牙齿缝里捅来捅去，剔出隔夜的牙花牙垢，拈在手里中指一弹，那些污垢半空里打个旋不知道落哪一处去了，照旧这根牙签又在牙缝里捅着。剔牙文雅的会一手剔一手掩嘴，其实掩不去面部的变形，掩住了人家也知道你在"除垢"，终究不好看。这活儿最好如其他私事似的，避人做。

【释义】

剔（tī）

分解骨肉，把肉从骨头上刮下来：把骨头上的肉剔干净。

从缝隙或孔洞里往外挑拨东西：剔牙。

把不好的挑出来：剔除。

聒

聒噪也不尽是烦呢。"蝉噪林愈静，鸟鸣山更幽"，南朝王籍该算天下第一个将聒噪写得幽谧无比的人。纳兰容若有词"聒碎心乡梦不成"，看来，是否聒噪全由心。

偏生在这个日子写"聒"，我想着时，从心里翻出笑来。今天是国庆日，最是热闹聒噪时。

喝着茶，翻翻书，打着字，隔着一个世界一般，听那各种喧腾、礼炮、车声、轮船汽笛，居然隔壁的工地还在施工。

我并未趴在飘窗看，就知道在钻地基。像写文章，硕大笨拙的机械钻一点点写，隔壁那片地就是纸，被写得千疮百孔、污糟腌臜。它是小学里头脑简单四肢发达的男同桌，写错字也懒得使橡皮，黑指甲缝的手指蘸些唾沫涂涂搓搓，留下一个黑边缘的洞。它只顾埋头咴咴当当，间或呜呜呜呜螺旋状钻响，还没节律。马达声倒一刻不停节奏明晰，做了浑浊的背景音乐。这些笨音在雾霾的穹顶下撞出混响，把我的脑袋也撞浑了。心里飞出无数柄可取人首级的匕首，一刀刀全刺向那笨家伙的心脏。它的心脏在哪儿呢？

不胜烦的聒啊！

天性爱疏离，人多的地方我是断不会去的，也不爱与琐碎话多的人交往。聒的模样就如薄嘴唇高颧骨三角眼的妇人，自有一百条舌头在你耳边嘚嘚唧唧不休。丈夫的臭脚、儿子的顽劣，两块八一包的盐、两万八一个的 LV 包，东家的长西家的短……哎呀，我竭尽心力才想出这六样她的话题，还有九十四条舌头都在干吗？

有一样小东西的聒噪堪比薄唇妇，蝉。从初夏开始，它便噪了，不知隐在哪里，声儿总在耳边，扯长了嗓门——急——呀——急——呀——，破锣一样喊一夏半秋。真不知它都急什么，唤得你也急了，恨不得上天入地寻出它来，摁住了，大棒子伺候几顿屁股。只一个拇指大的小玩意儿，黑不溜丢，呆头愣脑，怎么那样的大嗓门？

也有闻蝉声不急的，古人都不急，他们说蛩声蝉语话凄凉。细究起来，蝉声确乎有些凄凉，鸣叫至嘶哑犹不歇，几人听懂了它们？声高也徒劳。"寒蝉聒梧桐，日夕长鸣悲"，豪迈如李白写秋情一样离不开悲，寒蝉、梧桐、日夕，哪一种不携了秋声？倒是一个"聒"添了些生气，在无边的秋愁里划破一道，浓霾散了些，灌进一丝风来。

这样看来，聒噪也不尽是烦呢。"蝉噪林愈静，鸟鸣山更幽"，南朝王籍该算天下第一个将聒噪写得幽谧无比的人。自然，这噪只能是单一的，蝉声、鸟鸣，以极简的声来衬极深的静。蝉们长久的聒噪在山间撞出回响，竟有林下风一般，兀自徐来，不但不嫌吵了，反倒生出清气来，可以涤昏瞶。还将聒写得静的人是王维，"月出惊山鸟，时鸣春涧中"，和先世的王籍一样游的是若耶溪，承王氏一脉，气息都是相近的。不过，后世偏又有个王安石，非跟祖宗拗着来，他说"一鸟不鸣山更幽"，简直是要将先人的诗句翻过来，却点金成铁了。王安石必是有叛逆心的，或曰创新性，所以他会改革。

再不说我的老祖宗们了，换一个手法更高明的，既能写静又将闹写得满团欢喜。他是曹雪芹。

《红楼梦》七十六回里，凸碧堂里赏月闻笛罢了，黛玉湘云自到凹晶馆联诗。前半截众人一齐热闹反显得凄清，后面她二人在空阔的荷塘边，脆生生巧笑联诗，静里倒生出许多兴致。半夜里一只鹤也来凑兴了，嘎的一声腾起，月影也荡散复聚几次。于是，湘云得了一联"寒塘渡鹤影"，黛玉对了一联"冷月葬花魂"，这个中秋方始圆满。这时来回味，竟不知是黛玉们在聒噪抑或白鹤在闹腾？曹大官人这两句该是从杜甫的"蝉声集古寺，鸟影度寒塘"里化用而来，虽不是王籍式的小清新，一样静到了极致，也雅到了极致。

真正的闹腾在第四十回刘姥姥二进贾府，史太君两宴大观园。各种繁丽已不必说，单讲秋爽斋的午宴，刘姥姥煞有介事地高声说道："老刘，老刘，食量大似牛，吃个老母猪不抬头。"于是，其他人笑倒了一地。

"史湘云掌不住，一口饭都喷了出来；林黛玉笑岔了气，伏着桌子嗳哟；宝玉淌倒贾母怀里；贾母笑的搂着宝玉叫心肝；王夫人笑的用手指着凤姐儿，只说不出话来；薛姨妈也掌不住，口里茶喷了探春一裙子；探春手里的饭碗都合在迎春身上；惜春离了坐位，拉着他奶母，叫揉一揉肠子……"

各样性格各副样子，湘云率真，笑相也豪气；黛玉笑得娇媚，柔弱中又有节制；宝玉一直是老祖宗的宝贝，笑时也撒娇；探春泼辣，自然也给她个泼辣的笑……

这些热闹你何尝会嫌它聒噪？

纳兰容若有词"聒碎心乡梦不成"，看来，是否聒噪全由心。

【释义】

聒（guō）

声音吵闹，使人厌烦：聒耳。聒噪。聒聒（话多的样子，如"聒聒不停"）。

戏

雷玲的眼风几可伐人，全无须千军万马，檀板慢拍中便呼啦啦倒了一片。她扮崔莺莺更娇媚，临去秋波那一转，直可以让我也灵魂儿飞上半天。《西厢记》的唱词也俏生生的，如炎夏里啖冰瓜雪藕，倍脆爽。

　　总有人说"人生如戏"，其实戏哪如人生？一部几百集的肥皂剧充其量也只不过简缩几个人的人生而已，更何况传统意义上的"戏"。

　　戏会很热闹，上场前一阵锣鼓点子喧腾。我总疑心开场锣鼓如说书或口技前醒木的作用，一拍之下就提点台下兀自嗑瓜子闲聊而神情涣散的观众，戏开始了。

　　黄梅戏是祖父的最爱，我也混沌地做着跟屁虫，最早看的是《劈棺惊梦》，那年十岁。我知道扮田氏的演员叫马兰，祖父天天与父母聊她。我几乎以为她是和我们很亲近的人，近到像远房亲戚，虽见不着，隐约还有一丝血脉连着。

马兰将田氏开初的端然娴静，试妻里的欲进还退，劈棺时的幽怨纠结，以至于惊梦后的凄绝，唱得情切婉转。她似乎果真与我们连着一般，直叫我看得惊心动魄，觉得连身心顿也没处顿了，只恨庄子这个小老儿虚伪狠毒。黄梅腔软而不腻，竟可将此诸多情绪一一唱出。

　　黄梅戏总过于民间了，是田间地头行走的小村姑，朴实而娇俏。昆曲得算大家闺秀，并非一开初就系出名门，只因了几百年文化的浸染，才显现出"家学渊源"。

　　家乡郴州是一座湘南小城，却有一个昆剧团，唱湘昆，偶尔排练出新戏便会展演，也常有传统剧目如《西厢记》《牡丹亭》《玉簪记》《长生殿》，种种。

　　第一次看昆曲是念初一，湘昆剧团根据秦少游羁旅郴州的故事创编了一出《雾失楼台》。我坐在戏台下，怔怔地看，华美的舞台，扮上了的演员咿咿呀呀地唱，比电视里的黄梅戏更有许多迷梦一样的幻境。戏里郴州旅舍和桃花居的布景，分明就是我们每天一拐脚就去了再熟悉不过的地儿。上了妆一袭青布衣的秦少游，两个颧骨处晕开的酡红，倒是与他唱《踏莎行》的悲戚有些不糅合。

　　回家我饶有兴致地同祖父聊昆曲，说戏里老妇念白"顷刻的"跟我们老郴州话是一样的。隔了很多年，我不再记起那出戏，也再不曾看过昆曲。郴州湘昆剧团也变成了湖南昆剧团，昆曲起起落落，一切盛衰似乎都与我们这城中的人无干。

　　经年后的一次饭局，我认得了湘昆的名旦雷玲，第一次见一个女人美到无法言说，眉梢眼角里都流出风来。我在她跟前自然是丑丫头一个，饶是这样，我亦仰头自矜着，以为不过是个唱戏的。席间她唱了一段《游园惊梦》，我于是爱上了她。这个女人简直就是为昆曲而生，即使不装扮一唱上就是杜丽娘，让人魂也跟去了。

我开始屁颠屁颠地追着雷玲看昆曲，展演也看，排练也看。湘昆的小剧场比后来建的郴州剧院更有韵味，像旧时大户人家的戏台，只一大家子亲亲热热坐着，吃着时令果蔬点几出喜欢的戏，优哉游哉。

昆曲唱词简直是世界上最美丽的文字，句句摇曳生姿，配上雷玲的风流模样，真真叫人爱煞了。随便拣一个曲牌出来都好，如《游园惊梦》里"好姐姐"，雷玲一身小桃红的装扮，拈一柄折扇唱"闲凝眄生生燕语明如剪，听呖呖莺声溜的圆"，简直是嚼珠吐玉，一派莺声婉转。雷玲的眼风几可伐人，全无须千军万马，檀板慢拍中便呼啦啦倒了一片。她扮崔莺莺更娇媚，临去秋波那一转，直可以让我也灵魂儿飞上半天。《西厢记》的唱词也俏生生的，如炎夏里啖冰瓜雪藕，倍脆爽。《锁麟囊》里又有一番别样的激越，一收一放间飞白酣畅，正该是薛湘灵的亮烈。

昆曲里也有我不喜欢的，如《琵琶记》，如《邯郸记》。赵五娘的贞与孝太过于完满，好得没有了生气。而雷玲的美又多少有些魅惑，扮端庄到板正的赵五娘，总隐不去那些媚态。不好。卢生一梦历经人生富贵悲欢，及醒来，店家所炊黄粱未熟，于是乎听了吕洞宾一席话便修道去也。尽是玄虚臭道学气，更不好。

别于黄梅戏和昆曲的阴柔，有两种戏曲倒是刚性十足，豫剧和秦腔。"刘大哥讲话理太偏……谁说女子不如男……"豫剧是连女子都可唱得豪迈如壮士。秦腔更一味高亢，声音大开捭阖，吼出来像破锣嗓子。

一次在后海一个胡同口，见一位年老瞽者捧着三弦坐在地上唱老腔，泼辣辣地扯着嗓子吼。零下七八摄氏度的夜气里，他的盲眼凹陷，长而腌臜的须发在朔风里散乱着，那样奔放豪迈的腔调竟更助了悲苦。我看了一阵，怃惶得不行，扔下几十块钱逃也似的遁了。

这才是人生，戏如何唱得出来？

【释义】

戏（xì）

玩耍：游戏。

嘲弄，开玩笑：戏言。

演员在舞台上化装表演故事的艺术：戏剧。

指具体剧种：京戏。黄梅戏。皮影戏。木偶戏。马戏。

懒

懒婆娘历来也有着极生动的模样。日上三竿，微尘在光影里懒懒地浮着，灶台上盐罐子未盖，油瓶子已倒，锅里锅巴菜垢一层覆一层，犄角旮旯见蛛网蒙灰，经年未洗的被褥旁一堆懒肉横陈。

"懒"真是个极势利的字，如《镜花缘》里两面国的人，个个戴着浩然巾，前一张脸一派天真烂漫，浩然巾一掀开，底下那脸丑陋猥琐恶形恶状。

"懒婆娘的裹脚布"常被拿来骂我们这些人写的不知所云的文字。懒婆娘历来也有着极生动的模样。日上三竿，微尘在光影里懒懒地浮着，灶台上盐罐子未盖，油瓶子已倒，锅里锅巴菜垢一层覆一层，犄角旮旯见蛛网蒙灰，经年未洗的被褥旁一堆懒肉横陈。

这其实是小时候祖父为我们讲的懒婆娘样子。这个懒婆娘吃饭从来不洗碗，都靠舌头舔干净。更奇葩的是，她还有一个懒汉子。一天半夜来了个贼，懒汉子听见了便推懒婆娘，懒婆娘其实早醒了，她懒得作声。那贼见屋里别无长物，只看中了灶上那口铁锅。可是菜垢锅巴太厚，与锅子生成一体般，浑沉，害他费了九牛二虎之力方才偷走。等贼走后，懒婆娘突然悲从中来，懒汉子极不情愿起身看后，哈哈大笑，原来贼把那已然形成锅状的锅巴给偷走了，他们的锅子好好地在灶上待着，锃亮如新。

懒婆娘的至极懒还在另一个故事里头，连吃都懒。这个懒婆娘从来衣来伸手饭来张口，一日丈夫要出远门，怕她饿着，便做了个极大的饼圈套在她脖子上，让她可以张口便吃到。可是，懒婆娘仍旧饿死了。因为她只咬了跟前的几口，连转一下都懒得。这是真正叫"懒死了"！

懒婆娘若再恶，就更让人抵死了的厌弃了。似乎往往后娘都又懒又恶毒，像白雪公主灰姑娘们的后妈，即使长一副贵妇模样也掩不住眼睛里的狰狞。

一样的懒，换在女孩身上就是另一番风情。女孩总是清洁的，连贾宝玉都说女儿如水，未出嫁是无价之宝珠；出了嫁便没有了光彩宝色，是颗死珠；再老竟成鱼眼睛了。难不成果真是因为"染了男人的气味"？

女孩的懒叫"慵""怠""倦"，连样子也好看了。

"蹴罢秋千，起来慵整纤纤手。"少女李清照的身上几乎可以照见《红楼梦》里史湘云的样子，憨憨的，有一些小淘气，行止明媚，偶尔敏感，更多的是佻达洒脱，绝不犹抱琵琶。秋千蹴得尽兴了，手自然略酸，"慵整"就有一股憨态，我见犹喜。浑然似叶底芍药初开，惹得春风也怜爱。又有略微颓然的——"髻子伤春慵更梳"。这回倒不再是少女，而是少妇，果然宝色清减不少。易安总不比那等俗妇人，慵梳髻仍旧摇曳生姿。这阕《浣溪沙》写伤春写离别，春愁也撩人。在李清照式的繁丽里，存着李清照式丝丝入扣的寂寞，对春进行着一场瘦削的吊唁。

还有散曲曲牌名为《懒画眉》，亦是女子婉丽。恰似见杜丽娘由梦里惊醒，去游园寻梦唱的一曲《懒画眉》，嘤嘤地唱："原来春心无处不飞悬，是睡荼蘼抓住裙钗线……"

多好！

男子也有懒得不讨厌甚至让人艳羡的。如关汉卿，懒得他出一对鸡，我出一个鹅，捧个老瓦盆笑呵呵。如阿里西瑛，书斋都取名"懒云窝"，还将他在懒云窝里饮酒吟诗"瑶琴不理抛书卧"的懒惫写成一阕《殿前欢》，醉卧里，懒懒地"呵呵笑我，我笑呵呵"——这叫疏懒，叫闲适，叫懒出意境。日月蹿也似的过去，我犹岿然自懒。

其实，至此该为"懒"正名了，并非它来自两面国，而区别于人懒的程度。浅淡轻省的慵倦自是不讨人厌，懒出泥垢来就可憎了。

今日七夕，周末，我也懒一把。读了几篇书，写了这篇《懒》文章，其余便如树懒一般饱食懒睡。昏昏然睁眼看看窗外，懒得起身，再睡。

《说文解字》里对"懒"还有一个解释——卧也。

【释义】

懒（lǎn）

怠惰，与"勤"相对：懒汉。懒怠。懒散。懒洋洋。

疲倦，没力气：伸懒腰。浑身酸懒。

划

纳兰将自己的思念纷纷扬扬洒成梨花的雨，落雪成阵。只是穿过洪荒岁月，也梦不到前尘，总空自患相思。

　　划不是铲，两相比较，一个是林妹妹荷锄葬花，一个是鲁智深倒拔垂杨柳。如今，林黛玉只能书里出现，生活中看到的都是东施效"颦儿"，装出来的我见犹怜，叫"作"。黛玉的才情清高你能得几分？"鲁智深"倒常见，走在路上从丹田一运气，"哈——呸——"一口浓痰唾在路当中。兜里的手机震天响起了凤凰传奇，他便像操起戒刀一样操起手机，冲着电话喊："兄弟呀，你……"

　　嗯，我的意思是，"划"是古人书面语，将小俗事写得一地流风。

　　蹴罢秋千，起来慵整纤纤手。露浓花瘦，薄汗轻衣透。

见客入来，袜刬金钗溜。和羞走。倚门回首，却把青梅嗅。

李清照《点绛唇》无非写一次荡秋千。

那日，或许是整个春季里最晴明的一日，又或许就是这位小李姑娘人生里最普通的一天。

梳洗罢，清照轻翻玉腕揭开榻上的紫檀香炉盖，里面的沉香经了一夜的焚炙，还剩了一星余烬，却被清照一掀炉盖带起的一缕晨风携着一闪即逝了。清照调皮地笑笑，取下头上的一支簪在沉香屑里轻轻拨弄了一下，确信已经完全燃尽，便重又插好簪子，盖上盖子。

她抬眼看看窗外，一片春光正旖旎，便轻提罗裙，拨开珠帘，朝着杨柳荫下的秋千而去。

清照坐在秋千上，眼波流转，目光所及之处，绿得让人疼惜，红得惹人欣悦。小小的不知名的鸟雀不时从视野里划过，带出一串清脆的鸣叫。

蹴得久了，清照鬓角额头早已沁出薄薄的香汗。已尽兴，就该罢了。正欲慵坐秋千上小憩，却不料，院门洞开，一个青衫男子入门而来。

这边的清照娇羞不已，鞋也来不及穿，只穿了袜子便忙不迭地朝着屋内奔去。忙中偏偏更慌乱，头上的金钗也来凑热闹，竟"叮"一声跌落在地。光脚、钗落、鬓散，"倚门回首，却把青梅嗅"。

如我略显冗沉的描述，词的上阕也仅有铺垫之用，是李清照式矫情的雍容，必得有这么个铺垫才能显出下阕李清照式的独特恣意。划袜、金钗溜、倚门回首、嗅青梅，都是恣意，一小半娇羞，一多半恣肆。偏这半阕恣意，才见风流。

划袜是只穿袜子行走，这在古代可不单单显得俏皮些，作为少女，简直有些离经叛道了。

来看几款"划袜"——

"花明月黯笼轻雾，今宵好向郎边去。划袜步香阶，手提金缕鞋。"这是李后主的《菩萨蛮》，不难看出，写的是女子半夜与情郎幽会，为防人知晓，提着鞋只穿袜蹑手蹑脚悄然潜行。后半阕就更香艳了，"画堂南畔见，一向偎人颤。奴为出来难，教君恣意怜。"可不该是良家妇女行径。

"门外猧儿吠，知是萧郎至。划袜下香阶，冤家今夜醉。扶得入罗帏，不肯脱罗衣。醉则从他醉，还胜独睡时。"唐代无名氏这首《醉公子词》更俚俗到就是对醉酒情郎的嗔怪，明明等了半晚，心急火燎得鞋也不穿就奔着开门了，偏说"还胜独睡时"。

又有秦观的"常记那回，小曲阑干西畔，鬓云松、罗袜划"，朱彝尊的"第一相思，是床东袜划，暗尘潜蹑"，种种皆是浓词艳语，风月无边。亏得李清照恣意，才敢用"袜划"二字。

回头来看，划袜或有尤三姐的范儿，风流而任性。"划地梨花，彻夜东风瘦"，才真如林妹妹，这是纳兰容若的句子。

一直觉得纳兰是真正天生忧郁质的人，比黛玉有过之无不及，以贵胄之身日日凄切，比黛玉的自幼寄人篱下而伤花悲月更让人觉得矫情。

他这阕《鬓云松令》作于暮春，大约春寒仍料峭，人也寥落，就起了相思。自斟自饮，竟沉沉醉去，颓然如病。待得睁开迷离的醉眼往窗外望时，隔窗的梨花竟落了一地。原来，彻夜的东风令满树梨花减损了姿容，绿肥了，花却瘦了。

"划地梨花，彻夜东风瘦"，"瘦"字最蕴藉，只是瘦的不是东风，而是风令梨花瘦。"划地"万不能解为"铲地"，可解为"无端地"，一夜东风瘦损了梨花。纳兰将自己的思念纷纷扬扬洒成梨花的雨，落雪成阵。只是穿过洪荒岁月，也梦不到前尘，总空自患相思。

一个男子若总是凄凄切切，倒不如粗豪。一样的划地，郑廷玉杂剧《忍字记》里，布袋和尚就对刘均佐说："你看经念佛，划地杀人？"彼时，刘均佐听说妻子与义弟刘均佑饮酒作乐，正怒发冲冠欲杀之而后快。"划地"原本有力道，可阻一场杀戮。

【释义】

划（chàn）

本义：削去，铲平。

不穿鞋子，踩着袜子走路：划袜。

无端，平白地。怎的，怎么。表示嗔怪、反诘语气：划地。

归

一颗心舒适地待在该待的地方，像一个
字：回。方方正正，边角贴合，不局促，
不肆恣，却安然。

"陌上花开，可缓缓归矣。"

这是一个关于爱情的典故，美丽、熨帖，主人公是一位粗豪
男子钱镠，五代时吴越君主。

钱镠本是市井狂徒，靠战争起家建国，算得一代乱世枭雄。
大抵英雄都有一位美人相伴，如虞姬之于项羽，西施之于范蠡，
钱镠的美人是庄穆夫人吴氏。关于吴氏，各类正史记载寥寥，唯
《十国春秋》里稍有描述："钱镠性粗野，吴氏常和颜劝止。"草
草一句而可知夫人温婉，春风十里不如她。若我是男子，也爱。

夫人孝顺，年年寒食必回临安探望父母，暮春方归。这年春
天，夫人又归宁，至春色将老，陌上花已发，犹未还。

钱镠思念之至，修书一封，素笺上唯有一句："陌上花开，可缓缓归矣。"思念与宠溺兼有，只为让她安心。

谁说钱镠粗野？明明是绅士。可又记得母亲曾说过，粗野男子往往疼惜老婆。他的粗放刚直统统都会收束起来，从下山猛虎蜕变为乖巧小猫，扃牖闭户守着她。

很难得一个君王的爱情被民间流传，除了唐明皇，仅有吴越一地争唱的《陌上花》。

"归"本就是一个让人温暖心有存念的字眼，因为情意宛然。

旧时，女子出嫁谓为"归"，"于归"谓嫁了的女子才有所归依。《诗经》里相关的篇章，最欢悦数《桃夭》，最悲戚算《燕燕》，一个是于归时的和乐美好，一个是将离家的瞻望弗及。一样的迭章重句，回环往复，悲欣各不相类。

"桃之夭夭，灼灼其华。之子于归，宜其室家……"闭了眼，《桃夭》的韵律轻缓跃动。灼灼是新嫁娘的如花面容，桃实喻新娘将带来的人丁兴旺，桃蓁繁盛便指家室昌荣，归总了一句——"宜其室家"，加了音韵的贺词。

《桃夭》的画面很美，一样的情节不停在上演，几千年。

十八岁那年，李清照于归，嫁了赵明诚。新婚燕尔之际，对镜簪花，大才女亦露出闺阁娇羞，对夫君盈盈一笑，"怕郎猜道，奴面不如花面好"。那花开在清照的鬓发间，悠然带着宋徽宗年间的香，仍旧灼灼其华。

又如爱玲。那年，他三十八岁，她二十三岁。他们配了婚姻，拟订婚书：胡兰成张爱玲签订终身，结为夫妇，愿使岁月静好，现世安稳。夜里，她踩着他的脚一同在她屋子外的露台上相拥翩然起舞。

更有诸多平凡如我的女子，于归之初"画眉深浅入时无"的娇憨大致一样，只是每个人的日子不一样罢了。李清照算是用后半生的流离失所换得前半生的相濡以沫，张爱玲呢，连半生都不曾得到，只落得嫁个汉奸的千古骂名。岁月静好，仍是她们爱的皈依。

　　爱情是美好的，即使哪天遗落了，初嫁了的幸福笃定总在那里，如秋阳里梢枝上果儿怀想春天时的蓓蕾。

　　《燕燕》里最抓人的是"瞻望弗及，泣涕如雨"，仅需要这八个字，就触动了我们内心深处最隐秘的一根弦，大抵是弦一颤，便泪如泉涌。女子于归，临歧惜别，哪怕明知归宿定是美丽时光，临别的泪也会汪成一摊积水。

　　还有一个词语叫"归宁"，指出嫁的女子回娘家看望父母。总都是"归"，心安便是福。

　　我是父母的老姑娘，跟着他们生活了几十年，即使结婚生子也一直不曾离开。总被他们哄着，生怕冷了饿了受气了伤心了，我仍希望少被约束。

　　直至离家，每一次归程都变成了期盼。从计划回家，到买票，上车，见到熟悉的城市，走进家所在的小巷……愈切近，愈温暖。他们早已在院门口候着。

　　父母与我都是内敛的人，没有客套，也没有拥抱，连一句问好都不曾有。母亲会跟我说："你爸买了油粑子，连你侄儿都不让吃。""你爸早上七点就催我去买菜了。""你爸……"其实，她自己每次炖了好汤，蒸了洋参天麻，盛一大碗只端给我。

　　父亲一贯不苟言笑，我们从小见他如畏虎。他弹琴画画写文章，能教书会砌墙，小时候家里的桌椅都是他斧头刨子做出来的，母亲不在时还能缝补衣裳，缝纫机踩得娴熟，除了常犯头痛病、脾气不好，几乎算全能型的"奥特曼"。而今这只老虎再也不发威，开始戴着老花镜看书报，写回忆录式的小说了。陪他坐着看电视，他一再絮絮地说，弟弟懂事了，姑妈生日了，大伯又打电话了。我坐在旁边，看他的鬓角又白了。他指着手背，告诉我莫名长了点白癜风。我看，看到了白癜风，也看到了老年斑，而这只手，我竟然从来没有握过。

夜里裹在母亲新换阳光味的被子里，觉得夜黑得熟稔，即使楼上来来回回踢踏的脚步声也不觉得憎恶，一颗心舒适地待在该待的地方，像一个字：回。方方正正，边角贴合，不局促，不肆恣，却安然。

心安便是归处。

【释义】

归（guī）

返回，回到本处：归程。归宁（回娘家看望父母）。归真反璞。

还给：归还。物归原主。

趋向，去往：归附。众望所归。

合并，或集中于一类，或集中于一地：归并。归咎。

由，属于：这事归我办。归属。

结局：归宿。

珠算中一位除数的除法：九归。

古代称女子出嫁："之子于归，宜其室家"。

简

便读书吧，将世间繁扰如翻书页一样翻过去。"简素"亦是书，古人以简以素书写，记史、著述、作诗填词书尺牍。我们如今算执简而读，可做一篇文章，名唤《执简记》。

下午闲逛进到一家茶馆，名"简法"。茶馆禅意十足，无非一墙素白，一张古琴，几帧字画，几竿青竹，一二枯枝，再便是茶席、各样器具，而无不清雅精致，做得好减法。我一眼便见主人身后几样茶，其中竟有一样蒙顶甘露。我有些讶异，如今普洱及各样岩茶盛行，人们知道的绿茶也就龙井、碧螺春、信阳毛尖几样炒得厉害的，几时能在茶馆得见蒙顶茶？

主人使茶匙捡出一泡来，茶形就好看，青绿而蜷曲白毫披纷。杯底淋过置茶，已闻到洇出的幽眇鲜香。甘露娇嫩，他拿银制的茶漏隔水冲淋，实在算爱茶懂茶人。偏只银器过奢且冷，倒不如竹漏更合蒙顶。冲淋第一泡，茶渐次舒展，可见一旗一枪，更青绿得夺眼。汤色清澈微微黄绿，白毫在茶汤里自在浮游。茶汤置于我面前的高足白瓷杯中，青绿映素瓷，真是简静，有几分张宗子笔下"静几暖炉，茶铛旋煮，素瓷静递"的意味了。拈起小杯轻啜，茶汤甫一置口，一股鲜馥俯仰歙合，又柔软得与唇齿胃肠熨帖相适。一口落肚，回甘轻盈浮动，果然尚存有一些仙气。如此看来，蒙顶茶实在值当"仙茶"名号。

如今知道蒙顶茶的人大约少了，其实自古它便堪称第一茶，元人曾作"扬子江中水，蒙山顶上茶"。古人喝茶远比今人讲究，水也分上中下，"扬子江南零水"为第一，而能与这扬子江水比肩的唯有蒙顶茶。如今南零水是不值得饮了，蒙顶茶尚存这份仙气实在难得。日子如扬子江水奔跑着，江水便也同日子一样浑浊了，始作俑者就是我们日益繁复的欲望。做减法真是必要的，慢一些，简一点。

仿佛记得有一个新生的词叫"素心如简"，大约任繁华如三千东流水我只取一瓢的意味。初始真觉得好，素简去浮华，而清光皎然的样子。等到"素心如简"满眼都是时，竟觉出并不简，甚至矫情了。简便好啊，素履之往，从心而生。素也好，简至无尘便清阔了。何须再强调如简？如同日子，饿了便吃，渴了便饮，困了就睡，工作、读书、写字、出行、陪家人、混天光，如此而已。这才是简啊，世间哪有那样多的繁！

便读书吧，将世间繁扰如翻书页一样翻过去。"简素"亦是书，古人以简以素书写，记史、著述、作诗填词书尺牍。我们如今算执简而读，可做一篇文章，名唤《执简记》。

简一些才好。

遇见风，风告诉我要像风一样自在。迎面撞见阳光，阳光告诉我要像阳光一样明朗。一片云来了，云告诉我，雨落下了才会轻盈。为什么不裹挟着风驾着云披着阳光而行呢？

于是，我兀自一个人昂首走着，工作、读书、写字、出行、陪家人、混天光。电脑前坐久了便起身伸个懒腰，朋友问为何不去串串门，我答："为避免不必要的招呼。"

还是简单一些吧，与人与事与世界，清简而能瓜瓞绵长。瓜瓞绵长的清简须具了仙气才能得，蒙顶甘露清甘，难怪长久保持了仙气。

有些喜欢这家店了，因为减法，也因为蒙顶。我喝了一泡蒙顶甘露，临走还带了一罐。回家记起几年前专买了一本《蒙山茶话》，便翻箱倒柜找，果然还在。就送简法茶馆吧！茶也需要知遇，有人懂它，自然值得赠书。这是性情，也是简法。

【释义】

简（jiǎn）

古代用来写字的竹板：竹简。简牍。简策。简册。

书信：简帖。简札。信简。书简。

不复杂：简单。简易。简略。简要。简便。简洁。简练。删繁就简。言简意赅。

选择：简拔。简选。简任。

姓。

囫囵

书店叫什么？嗯，我想想，他总批评我读书不求甚解，囫囵着就读完了，那就叫"囫囵"吧。其实，囫囵还是我跟他，相似的样子相似的性情，可以稳稳妥妥地一起走人生。

一　她囫囵地去了

那天晚饭没吃多少，饿了便加餐，煮的汤圆。才出锅汤匙舀了正往嘴里搁时，接了个电话，被那头的一句话惊惧得忘了吹，一整个囫囵地就咽了下去。泪忽忽地滚出来，忘了胃里才跌进去一个滚烫的汤圆。

电话那头的人告诉我，她去了。我真是被惊到了，久没有她的消息，从不知她何时病何时入院，一有竟是死讯。泪不但为惊，为她，也为孩子，为他。她倒是囫囵地去了，苦了他和孩子。这个命蹇的男人，驻不了福。

我们都知道当初是她追的他，大学毕业分到那所乡村学校，一遇见他便钟情了，把所有的爱酿成蜜献到他面前。他并不爱她，却抵御不了她每天小蜜蜂般勤劳酿就的蜜一点点堆积。她也知道他心里一直有另一个人，只相信终有一天，他会在她的蜜里沉沦。

他们结婚了，生孩子了，她却渐渐不自信起来，似乎他们之间总有那个人的气息徘徊不去。于是，她冒充 A——那个一直在他心里的女人——给他发信息。他回了，说一直想着她。她像被戳了一针的气球，原本圆圆的身子炸裂碎成了无数瓣。

有天夜里，A 竟然给她打电话了，她没敢接，却知道必定是他跟她联系了。她心里恨着这个多情的男人，又稍有慰藉，A 想必是坦荡的，才能在不知匿名信息背后是谁的前提下拨打这个电话。A 的信息追过来了，她便回一条，一来二去，A 知道了原委。

"我给你电话。"

"不，让我有尊严些吧。"

"对不起，我其实一直刻意远离他的，要不我把事情跟他说清楚?"

"不，谢谢了，我相信你，只是他太多情了。也不用说，说透了或许连表面的圆满都不能维持了。"

A 没再回，他也一直懵懂的，毫不知情。这是个守信的女子，她想。

她依旧一如既往地"酿蜜"，生活被她的蜜包裹得无比醇美。他终于耽溺了，她却骤然离去，什么都没准备好。他已经从此嗜甜，今后的蜜谁来酿?

她离开一个月那天夜里,他似乎触到了她的体温,她悄悄在他耳边说:"我是囫囵地去了,有你的爱伴着。"

二 开家书店叫"囫囵"

我一直有一个愿望,没事了就开家书店,一定得在犄角旮旯不能在闹市,一定不能太大,既没有开"旗舰店"的资金也不懂管人。一两万册书,一两个人,就好。书店的饮品只有茶和咖啡,纯自助,自己磨咖啡豆烹煮,自己拿茶锥戳普洱。每个人都有一个专属的茶杯,自己冲泡,红茶绿茶黑茶白茶黄茶,一定得是好茶。店里只提供开水,免费续杯,你可以从天光坐到天黑,店员不下班你就赖着不走。

纯自助了,我和店员干什么呢?烧水、扫地、读书。还忘了一样,结账。

或者,最好我做老板娘,他做老板,他主外我主内,他负责选书进书,我来摆书插花。我读闲情他读史,我负责聆听他负责和朋友侃侃而谈。我们不穿店员服装,穿布衫子,他清雅我清秀,与书在一起的日子就是清欢。

书店是我们的图书馆兼客厅兼茶室,在隔壁弄一间榻榻米小屋权作卧室,我还想开辟一间小餐室,平日自己享受美食,还可以预约私房菜,一周只预订两餐,必得温雅之人才可。我便又是那个厨娘了,春菰秋蕈荤素鱼虾甜点小食,花半天时间慢慢做出来,餐桌上还附赠后院新开的栀子花。夜里无人了,便两个人猜拳洗碗,他总是输的那个,故意的。我就在他洗碗的当儿偷吃一个冰淇淋,挟一本书躲在书柜角落边吃边翻,书名叫《玻璃鱼缸》，为里面某一句话笑成了一个傻妞，冰淇淋融了，便伸长了舌头去接，一滴滴在下巴上。待他发现我偷吃时，我就舰着脸将冰淇淋举到他嘴边说，你吃吗？他伸出拇指揩去我下巴上的一滴，轻轻道一句，下回再不许吃，支气管炎该犯了。下回他去超市又买一堆零食，里面就有冰淇淋。

夜里是我们另一样工作时间，我码字，他读专业书。我是专职老板娘，业余挣稿费。他只是兼职老板，正经职业是医生、教授、技术员……你想什么就是什么吧。

书店叫什么？嗯，我想想，他总批评我读书不求甚解，囫囵着就读完了，那就叫"囫囵"吧。

其实，囫囵还是我跟他，相似的样子相似的性情，可以稳稳妥妥地一起走人生。

三　囫囵，囫囵

囫和囵都是整个儿的意思，囫是整个，囵还是整个，像情侣夫妻，必得一齐，有爱才完整。如人世初始的混沌，你泥中有我，我泥中有你。

囫囵又有些糊涂，一日过了一日。日子是明亮的，菜市场二十五元一斤的樱桃，买了来一颗颗在水龙头下捻干净，放在白瓷盘里，拈着梗用嘴接着吃。日子又是恍惚的，架上有书，柜里藏了各年份各种好茶，回家路上碰到一只慵懒的猫，买一斤花甲炒一盘花甲，买半斤水芹洗洗切切跟青椒末又炒一盘，嫩豆腐虾仁碎做成一碗羹，吃吃喝喝走走看看一天又混过去了。

王小波对李银河说，爱你就像爱生命。于是，他的生命没了，她就连男人都不爱了。

庄子对他老婆凉薄而深情，才有了鼓盆而歌。

老苏想起亡妻王弗倒很伤感，挥笔而就"十年生死两茫茫"，其时他已经娶了王弗堂妹闰之。

还是囫囵，打也打不散，恍惚数百年。

【释义】

囫囵（hú lún）

完整；整个儿。囫囵吞枣。

含糊；糊涂。《朱子语类》卷三四："道理也是一个有条理的物事，不是囫囵一物，如老庄所谓恍惚者。"

声色记——最美汉字的情意与温度

岁时记

花事、酒事，诗词应和，
无论王羲之、谢安或是范镇，
都是清阔之人，才有这样的清雅蕴藉。

立春

苏氏的立春是寻常日子里寻出大欢喜，而杜氏的立春是小气象里也找出家国情怀，一样仕途坎坷的老苏，心里自有春风。

若不是一早见各种关于立春的讯息，岂知辰光竟已如许。上午给花浇水时，阳光猛地从落地窗蹦进来，一个激灵从我的身体里迎出来，混沌中抽出来一丝绿意般，才觉出是真的立春了，直想哼一曲咏叹调。

记得顾长卫电影《立春》开头就有如这般"唤醒"的一幕。炼钢厂工人周瑜骑着自行车在穿行的车流里猛然听到大喇叭里传来师范学校音乐老师王彩玲的歌声，是舒伯特的《慕春》。"那温暖的春风已苏醒，它轻轻地吹，日夜不停，它忙碌地到处创造。空气清新，大地欢腾……"王彩玲的歌声就像春风一样，唤醒了炼钢厂工人周瑜潜藏在内心深处对音乐的渴求。

总之，立春的阳光也像王彩玲唤醒了周瑜一般地唤醒了我，我边浇花边哼起了一支曲子，当然不是《慕春》，是《春天在哪里》，哼得无比欢快。

王彩玲还说过一句话："立春一过，城市里还没有什么春天的迹象，但风真的就不一样了。"今天，城市里的风真的不一样了，没有阳光这般欢乐，却亲切，它悄声凑过来，气息从你脸颊一滑而过。嗯，果真有春的味道了！你吸吸鼻子，把春风裹挟了拽进身体里。

立春就是春风种下的一个梦想，像王彩玲给周瑜种下音乐的梦一样。只是，《立春》很苍凉，周瑜、王彩玲、黄四宝，都不过做了一场梦罢了，现实远比梦想残酷，而春天比人生圆满。还是春风靠谱得多，它告诉你——立春了！那么，春天迟早会来的。即便倒春寒，你心里也潜藏着春风，可以抵御寒冷。

居然立春了！我仿佛前一晚还在苦寒里熬着，今天阳光就挤满了心脏，可以由内而外荡漾起春风。立春有三候："一候东风解冻，二候蛰虫始振，三候鱼陟负冰。"我自个儿这会儿就是东风拂开了封冻吗？伸伸懒腰吼两嗓子就彻底醒了。除了欣然的吼，还有伸懒腰时骨骼咯咯地叫唤，像菜蔬从地里抻出头来，夺出绿来，嘻嘻哈哈的，春就来了。

春天得是欢愉的，不能像老杜，连吃春菜都"不胜悲"。老杜写过一首《立春》——

春日春盘细生菜，忽忆两京梅发时。

盘出高门行白玉，菜传纤手送青丝。

巫峡寒江那对眼，杜陵远客不胜悲。

此身未知归定处，呼儿见纸一题诗。

诗是老杜惯有的沉郁，连咬春这么喜兴的事都带出许多悲凉。还是老苏好，"雪沫乳花浮午盏，蓼茸蒿笋试春盘，人间有味是清欢"，一派闲逸。苏氏的立春是寻常日子里寻出大欢喜，而杜氏的立春是小气象里也找出家国情怀，一样仕途坎坷的老苏，心里自有春风。

我爱老苏。

老苏"黄州惠州儋州"一生贬谪路，即便发配到了天涯海角犹能自在临江汲水月下烹茶。把酒便问青天，埋头可做老饕，老苏才是那个去哪儿都行的好玩人。寒冬里也春风浩荡，渲染出清欢如许。

再来说立春。自汉代以来，立春这日就有"咬春"习俗，也就是呈上老杜和老苏们诗词里说的"春盘"。春盘里无非是些生菜、韭菜、水红萝卜等时新菜蔬，再搭配上炸过的春卷，裁红晕碧枕黄金，煞是好看。有心的女子更用罗帛剪制出各种生动鲜艳的花卉，缀接到假花枝上，插在盘中，制造出满盘春色。这么一盘摆上筵席，春天就已经正式登场了。若实在不讲究，从地里掏一个水萝卜洗洗，脆脆地啃了也算咬了一回春了，胃肠心肺里春香鼓荡"春"情摇曳。

一些乡村还有"打春"习俗，或称为"鞭春牛""鞭土牛"，是农人对一年五谷丰登的期盼。据说制作土牛时，还往"牛"肚子里塞上五谷。"牛"被鞭打得五谷四溢才好，老老小小抢了五谷归仓，预示仓满粮足。

元代散曲家贯云石有一首《清江引》便写"打春"——金钗

影摇春燕斜，木杪生春叶。水塘春始波，火候春初热。土牛儿载将春到也。

　　曲子里五个"春"字，你简直可以见到那土牛儿真载着春颠颠地来了。

　　"嘀哩哩嘀哩嘀哩哩……"立春这日，我拣了一首歌，唱了一整天，心里潜藏着春风。

【释义】

立春（lì chūn）

二十四节气之一，在二月三、四或五日。中国以立春为春季的开始。

立了春，天气就要转暖了。

惊蛰

惊蛰如一折《游园惊梦》，一梦过后，以为仍旧是那断井颓垣，却原来早已莺啼婉转，姹紫嫣红开遍，她自立在那里淹然百媚。只分不清是杜丽娘唤醒了春，抑或是春唤了丽娘。

节气里，最爱惊蛰。惊蛰是生命初初的萌动，渐次便将鼓噪着撩起嫣红无数，比清明的凄雨、夏至的愚暖、白露的秋思、冬至的苦寒，都要令人欣悦。昨儿见着柳条也活泼泼地绿了，才惊觉，竟惊蛰了。

惊蛰如一折《游园惊梦》，一梦过后，以为仍旧是那断井颓垣，却原来早已莺啼婉转，姹紫嫣红开遍，她自立在那里淹然百媚。只分不清是杜丽娘唤醒了春，抑或是春唤了丽娘。我晃一晃满脑子的面糊糊，倒知道是惊蛰惊了我，才见得了春的模样。我的神经里似乎藏着一个懵懂小子，一旦惊醒，全不是杜丽娘式颤巍巍娇滴滴脆生生软绵绵的摇漾春情，是平地一声滚雷，惊天动地地，将面糊糊也惊成了清风，绵延在血管里浑身上下一个激灵，醒了。那些越冬的小虫子也是这样醒来的吧？像我身体内的小子一样懵懂。

按老例，惊蛰是该打雷的，今年老天惊得有些温和，春雷未滚蛰虫亦起，蹦跶着就纷纷出动了。瓢虫爬上新近抻出绿的荠菜叶上，鲜嫩嫩的，尽可以啃个够。早春的桃花粉花瓣红花蕊在枝头零星缀着，小蜜蜂扇着透明的翅膀鼓着间了黑黄纹路的小肚子，扯长了触角，从那朵花嗅到这朵。细长的小青虫趴在草节上，尾部往上挪一些，背就"驼"了，推搡着头再向上抻一截，又趴平了，驼几回背就挪到了草尖尖，偶尔还来点特技，尾部盘在草上，头与长腰身长长地在空中探着。

惊蛰就是把小虫子们都惊醒了呀，忙忙碌碌，你来我往。其实何止小虫们，小花小草小树大树小人大人小世界大世界，都醒了。

零星的桃花一下子就粉了一片，简直就是丽春院拥出来一堆小娘儿们，个个俏生生扭着腰肢叽叽喳喳冲你笑。那眉眼就足够勾人的了，再一启朱唇回眸一笑，辣块妈妈，就是韦小宝也呆愣成了木鸡，只盼着她们多笑一笑，多掏几百万两银子也使得。

胡兰成《今生今世》说，桃花难画，因为要画得它静。可不是，她们这样花枝乱颤难收难管的，如何简静？

迎春花更放肆，披拂一冬的老藤葛好不容易覆了一身浓浓绿绿的衫子，总得缀些花花朵朵。可偏生不懂留白不懂节制不知羞耻，竟开得满院墙都是，浑然一个绿袄的婆娘镶了满口大金牙，血红的嘴一咧开，唾沫在大金牙上灿灿地刺眼。若来一阵风，一墙黄花潋潋地晃荡，也是那绿袄大金牙妇人行动间大屁股摇摆的模样，俗是俗了些，倒有风韵。

杏花也是俗女子，在村边巷陌里招摇过市，所有人的眼都黏在她摇摆的腰肢和娇媚的面庞上。而我只是缩在一边忸怩不前的小丫头，明知太过疏远，仍巴巴地望着。古来有许多写杏花的诗词，可即便入了诗，它仍是那个小家碧玉，在某个小村坞旁侧笑盈盈地倚着，东风一来，更是活色生香。

梨花偏不爱露个俗样子。她自傲娇在枝头，或依着新叶催发一朵，或独在梢尖浅浅一笑，即使开满了，也是一袭素白。香也隐约，不是桃花的轻薄，亦非杏花的甜腻，一股子清气，简直连蜂蝶也不敢造次。

再过几天油菜花也满地了，油菜花是接着紫云英开的。总是惊蛰了，一切都红俗绿骇的，铺张得惊天动地，连春阳也激滟得几乎呻吟了。

可是，别忘了还有倒春寒啊。

惊蛰一过，不知哪天，太阳就收敛起面容，春寒料料峭峭就来了。雨成了日日见的常住客，淋淋漓漓、淅淅沥沥、丝丝缕缕，阴着脸与你肃然相对。

小虫子们这回也隐了形迹，最多凄凄切切地躲在哪个角落弱弱地唤两下，又悄没声了。农人可不会闲着，闲了一冬的田里正好积了水，将那沃地渥出了油，披了蓑戴了笠牵了牛扛了犁，长鞭子在半空里骤响，将雨也抽得断了两截，停了0.1秒才接茬继续淋漓。经冬的水田得翻一翻，尖头的犁翻得松软了，耖田耙整得更细腻，更勤快的还把堆了一冬的牛马粪挑了去一齐耙进油润润的泥里。菜地里也得追些肥了，碾细了土候着，到了春分拿锄头掏一个窝撒些种子就能见青菜噌噌地蹿出来。

惊蛰后，凄风苦雨也按捺不住生的欢喜。这会儿若在粉墙黛瓦的檐下或老厅屋的天井下，看雨从瓦缝间沥下，聚集成细流，在天井里激出的水花也是笑的。参差瓦缝上却浮着一层烟，亦是一层喜气。

都是惊喜。

【释义】

惊蛰（jīng zhé）

二十四节气之一，在三月五日、六日或七日。

清明

祖父一生迂回若此犹自清明，不染无边哀怨，无大喜亦不见大怒，不过事后淡淡一笑，到老脊背都挺直。

清明是一杯绿茶。不是银针，是毛尖类，浅尝便一股子清气，再深啜一口，有韵了，缓的长，人慢慢走着一般，走得久了就大了老了，死了。所以，清明最能阅见人世，到这一日来看，都是清淡的有些余韵，或有回甘，或茶搁得多了略涩了些。要不干脆茶质糙些，无论何种水都经得住，倒更走得长久。

多年前，三联出版社出版杨绛先生新书《我们仨》，我每天泡一杯绿茶慢慢读，竟在大夏天读出了清明味道。"我一个人思念我们仨"，先生一个人在家里行走七千步，寂寞也浅，思念也淡，天地也清阔，却能把你逼得心酸起来，一只手探入胸腔轻轻压挤似的，你的心滴滴答答成了湿毛巾。可你看她那面庞，终是笑的。这是杨绛先生的味道，亦是清明的味道，没有不可收拾的哀愁。

杨绛先生独自缓缓走了很久，经得了苦难，便活成了人瑞。

清明的味道是迂回而含蓄的，宜怀人。

祖父毕业于国立某师范学校，有着清癯的面容颀长的身材，一派温文尔雅，实在有些民国范儿。他年轻时穿长袍和中山装留着大分头的照片更像，如今来看有了隔世的恍惚。

祖父四十余岁便殁了三任妻子，也不再续弦，他老了以后笑说："命硬，就不祸害人了。"他开油坊，挑桐油下广州，为躲兵役以私塾底子考入师范，而后一辈子教书，一个人养活一家九口人。在某个风雨如晦的时期，因为三青团、国民党，以及几近成为民国时期某县政府官员的身份，被折磨十余年。他只在老了以后被梦吓醒，仍旧笑："我还以为又回到那十年。"笑的时候还庆幸地眨眨眼睛。

自我有记忆起，祖父就已经老了，却一直到死仍旧是那副老样子。我像只小猫一样跟着他，白天跟他读书习字，夜里给他焐被窝。他的脚几乎盈尺长，睡觉时直挺挺抻着一动不动。手也是纤长的，一把抓住我的脚踝往被头那边扯。

"小孩子睡觉不要蜷着，挺直了，以后做人也这样。"

这是祖父在我不谙世事的心里种下的第一个因。

五岁那年跟祖父去太原伯父家，半路在郑州转车，他去买票嘱我乖乖地在广场守行李。我便做着乖小孩，在旅行包上坐了，一等就是一个多小时。他买了票好不容易从人群中挤出来，我已经趴在包上睡着了。我揉着惺忪的眼看他时，他一脸惊惧地紧紧抱着我，生怕我会从他怀里溜走似的。伯母很多年后还爱羞我，说在太原向祖父发脾气，大冬天的把一只棉鞋都扔到水缸里了，我一直讪笑。无论我多执拗顽劣，祖父从未生气过。

祖父自然也有呵责时。夏天的正午，小伙伴偷偷来唤，我趁他午睡，溜了出去顶着大太阳疯跑疯玩。往往过不了半个小时，他便用手半遮额头摇着蒲扇来了。

"女孩子不能做一个疯丫头，睡不着就回家读书！"嘴上虽诘责着，眼里却依旧温和。

不记得几岁开始发蒙，父亲为我做了一块小黑板，祖父从退休后兼职的学校拿回来粉笔，我的小课堂就开课了。每一个字每一首诗词都是祖父教的，还教算术，还教绘画、书法，自然课则在野外进行。

我摇头晃脑跟着祖父读书背诗。李白、杜甫、苏轼、李清照成了我儿时就熟知之人，刘姥姥进大观园唱"老刘食量大如牛"，唐敖食蹑空草朱草可负重、跃高，薛丁山娶了樊梨花……祖父像一个书袋子，每天掏出一些儿来给我慢慢咀嚼，反刍，再咀嚼，咽下。祖父教了一辈子书，我成了他的关门弟子，将他的衣钵悉数接过来。是的，我的确接了衣钵，承袭了祖辈父辈的职业与性情，淡然地做着教书先生。亦是一层因果。

李杜们也种在了心里，和阅读的习惯一起。后来我写李清照、纳兰、仓央嘉措，写茶，写酒，写汉字闲时光，哪一样不是那时种下的呢？可是，祖父终究去了，再也看不到他种下的因居然结了一些儿果。

我有时清明回去看他，想着，是不是拿些我的文字烧给他，让他在隔着阴阳的那一边也看看他最疼爱的孙女写出书了。我终究是羞怯的，如那年错愕地看他搂着我的神情，紧张惧怕，却不曾有半句言语。我的血脉里流着他的血，便有了家族式的内敛。

祖父一生迂回若此犹自清明，不染无边哀怨，无大喜亦不见大怒，不过事后淡淡一笑，到老脊背都挺直。

清明本该天清地明的淡然，何必牵惹出蚀骨的痛？大约我薄情，清明诗里最不爱杜牧那句"清明时节雨纷纷，路上行人欲断魂"，一些凄风苦雨都经受不起，如何过得清明？

《逸周书》写"清明之日，桐始华"。想着一路桐花故人般来迎你，凄苦也可抛了。也喜欢《逸周书》这个"逸"字，似古人施施然而来。

还看清明——清明风至，音比中吕。这是《淮南子》里的话，古人真风雅，风里都可闻出乐声。古乐分十二律，阴阳各六，分别为黄钟，大吕，太簇，夹钟，姑洗，仲吕，蕤宾，林钟，夷则，南吕，无射，应钟。这仲吕便是中吕，居各音律之中，是清音。大约就如清明风至，你在风里，会听见谁的一声唤？

今日正清明，我这会儿泡了杯徽地绿茶，唤岳西翠兰，名字俗了些，茶味却好也经泡，一杯清明，算俗到了雅境。今年我没回乡，就以这茶遥祭祖父。其实，扫墓原起于寒食，我们把寒食丢了，捡了清明。

有桐花，有风至，你不慌不忙地走着。也好。

【释义】

清明（qīng míng）

二十四节气之一。在每年四月四或五、六日，民俗于此日扫墓：清明时节雨纷纷。

小满

小满姑娘迈了大步过去，仰着脖颈抬着下巴笑得一脸灿然，从你门前过时，还冲你眨巴几下眼，咯咯一笑一溜烟就撒腿跑了，隔了大半年你还惦记着呢。

今日小满。小满是个俗女子，穿花连衣裙亮敞敞地在小巷里走，高跟鞋噔笃噔笃，笑声也敞亮。她一过，巷子就有生气了，刷锅的，洗衣的，打孩子，骂汉子，《最炫民族风》从巷头窜到巷末。

"四月中，小满者，物致于此小得盈满。"我很讶异，《月令七十二候集解》解释"小满"怎么也像是在赞一位姑娘呢？姑娘肤白丰腴，家境小康，小富即贵小满趋圆，一切都刚刚好。

黄瓜带着茸刺的藤蔓爬满了架子，叶子绿得将要捧出一颗满绿的心，叶梗处再龇出细细长长一根的触手，还打着旋地找瓜架。叶底时不时冒出一个小头颅，顶着娇黄的花儿，就是结出小黄瓜了。小小黄瓜拇指大小，一样带一身的小刺，刺尖尖上还顶着露珠，碧绿碧绿的有了水头。茄子苗早长成小灌木似的，在菜地里集结了列成行，一朵朵小紫花掩在有着紫色叶脉的大叶子间，茎秆也是紫的，待小紫花将凋零时，深紫色的小茄子也就露头了。四季豆是比较谦逊的姑娘，叶底藏着小白花或小紫花，她又生性具侵略性，若不限制便蔓生得到处是。向日葵正抻着大脸盘找太阳，西红柿已经发了疯，一小株也垂了无数小青果，它也等太阳，阳光再晒几晒，小青果就红了。

小满姑娘也有让人烦的时候，淅淅沥沥的梅雨一来就没羞没臊地赖着不走，落得你心里都直要长霉了。稻田可不嫌雨水多，青绿禾苗整饬地莳在沃泥里，田里灌满水了，它们才长得欢实呢。水里汪着绿，禾苗盈着水，如同美人的盈盈目，横斜欲流。若是山间梯田便更好，仿佛老天在那里拉开了无数的丝弦，自上而下的流水就是叮叮铮铮在拨弦，还轻漾着葱绿的音纹。

雨还是也停歇吧，小满不宜盈。待雨过天晴，墙角那一丛一簇的蜀葵花旺相地开着，蜀葵是典型的小满性格，连开放都热闹喧腾。早晨的阳光正好，不凉不灼，深的蜀葵丛下，还有一星露珠。叶绿得通透，花红得明朗，油润润的，昂着头骄傲立着。蜀葵花是亮丽高挑的小家碧玉，她很知道自己有可以让人第一眼就钟情的美丽，于是总俏生生地依靠在家门口，只等追随的眼光黏在自己身上，再也转不动眸子。一旦她们成列站立，那么就扎下了一排花和叶的篱墙，让你一见她就心安了。栀子也开花了，丛丛得开满了一树，无风也给你送来衬着青叶的莹白香。栀子香真是莹白的，似乎裹着甜腻的奶味，闻着花香也有了食欲，便掐下一朵择了花梗花心往嘴里送，嫩嫩地嚼了一口香，吞落肚了这香还慢慢在身体里舒展。也有做花馔的，一大把栀子花清炒，或氽汤，柔柔软软的，在喉管一滑而入。这会儿的香又不同于生鲜时，更收敛更家常，母亲亲自调配一般，有了她的气息。

梧桐花该快落了吧？原本一簇簇在枝梢上挂着的淡紫色小酒觞在树下跌了一地。梧桐花的香不同于栀子，也甜，甜得发腻，梓树花也发腻，空气里满是的。吴藕汀先生曾画小满节气图，画里便有梧桐花梓树花半边莲蒲公英种种小满时应花草。

小满最应时的莫过于苦菜了。小满吃苦菜习俗由来已久，《二十四史·周书》里说"小满之日苦菜秀"，《诗经·采苓》也有"采苦采苦，首阳之下"的句子，看来苦菜是几千年来国人的"当家菜"啊！记得京戏《红鬃烈马》里有一折交代过王宝钏独守寒窑十八载也是靠的苦菜度日。苦菜是见风就长的野丫头，至小满就田埂地头山脚疯跑得到处是了，撒开像矛似的细长叶，仿佛尖锐实则憨实。你往田埂旁走一遭，就可揪得一大把。其实，从小并不认得苦菜，因为不曾吃得"苦"。如今苦菜倒登了"大雅之堂"，成了蔬食嘉物，一大锅白白的鸡汤里涮了，微苦之后便是清甜，有了一股子自满。吃苦菜时，母亲颇欣喜，说是那些苦年月里常伴的吃食，她叫它"苦荬菜"。小满真是好姑娘，把荒滩野地都变成了粮仓。

小满过了就是芒种了，也便拉开夏忙的序幕。总觉得，小满就好啊，像饿了就端上一碗饭，渴了抱个西瓜啃，梅雨多了就晴几天，肉吃腻了摘些苦菜……都是小满足。芒种就过了，匆匆的脚步还追不上汗的流淌，夏至、小大暑更让人热到焦躁，顶着大太阳还得夏收，即便有丰收也偿不了太满之后的虚空。人生也还是小满吧！

小满姑娘迈了大步过去，仰着脖颈抬着下巴笑得一脸灿然，从你门前过时，还冲你眨巴几下眼，咯咯一笑一溜烟就撒腿跑了，隔了大半年你还惦记着呢。

　　"满"在我家乡话里有姊妹间排行最小的意思，我母亲的名讳里就有一个"满"，是兄长们疼爱的小妹妹。小满也有一群长兄爱着吧?

【释义】

小满（xiǎo mǎn）

二十四节气之一，夏季的第二个节气。其含义是夏熟作物的籽粒开始灌浆饱满，但还未成熟，只是小满，还未大满。每年五月二十日到二十二日之间视太阳到达黄经60度时为小满。

夏至

那时到夏天便搬一张竹床，拿一柄大蒲扇滚在竹床上放肆扇。祖父从院前的井水里起出中午镇的西瓜，拿刀锋轻轻一划拉，瓜就咔嚓开了。井水镇的西瓜有香，不像如今冰箱里拿出来，香都冻死了。

夏至日读书。

读的是苏轼尺牍，正翻到为好友董传写给韩魏公的一封。董传是个穷书生，不通世事，文字萧然出尘。就是这个世事不知几次几乎饿死之人，陡然得到魏公举荐将得官得妻，作为朋友理当为之庆幸，老苏却在这时担忧"其极"，意思是福过了。董传果然不得终岁，家里连丧葬费用都无法凑得。老苏是真文人，还仗义，除却出钱周济还写这么一封信求诸韩琦。韩琦也一贯仁厚，福薄的董传终是有福之人。

唏嘘之余也为董传感念苏轼知己式的懂得和至交式的担忧，老苏是知世事跌宕的人，万物至极了终非好事，谓之盛极而衰。

夏至亦是至极，这一日昼极长夜极短。

落了两日的雨到今天终于歇了，下午阳光便露出些微狰狞，像告诉人们从此后好天光到头了。其实，夏天到这时是真值得称好。

乙未年的夏至是与端午连襟着来的，对面街边两条人行道上的石榴花还正炽艳，边淹然百媚地次第开着，边香艳慵倦地铺了一地，偏街边还有一二靠椅，零星披挂着艳装。若不是前两日还存着艾叶粽香，你几乎就以为做了一个花影重叠的梦，除了笔床茶灶便可以什么也不干。不去细究端午前因的话，这个节日简直就是为了在这样好的夏日里来提醒俗世的，它一提醒毕，夏至便至了。

夏至的天光极好，满眼饱满得要滴出汁来的绿，稍嫌辛辣的阳光原本想给你一个大大的拥抱，却被这绿分割得七零八落，再热情的拥抱也减了力道。稠密的香樟道上斑驳着光影，你尽可以在光影里一点也不着急地走，哼着关于夏天的曲调，偶尔还眯缝着眼抬头从浓郁的叶缝里偷窥一下太阳。它是拿你一丁点办法也没有，徒劳地用光撼动树影，你便欣然在树下披一肩斑驳的光，仿佛这光激滟地出了声。路上车来车往，用汽笛和马达来同阳光的声音相应和，像午后的管乐偶尔加入了风铃。

再浓的树荫总走得出来，阳光白亮亮的确有些晃眼，多看几眼就像多吃了几个辣椒，后脖颈都辣直了。或许午后某一刻，太阳哆嗦了一下，健硕的雨砸下来，一颗就砸得一片树叶摇晃得晕半天，然后扯天扯地又落半天。

那就坐在窗户里看夏雨吧，是真可以什么都不干了。地上瞬息就濡湿了，车辙割出一道道水迹，略积了水的地方就被车轮扬起一弧水帘，幸而道上无人，否则将有湿身之虞。那些绿得饱满的树顶正浮着一层雾气，似乎雨砸不进密密层层的叶里，倒被抵御反戈一击碎成了烟。若有电闪雷鸣，连天地也被割裂了，是关公挥了青龙偃月刀咆哮而来。

夏天看落雨简直有刀光剑影纷至沓来，为平复心情还是关窗饮茶读书吧，继续老苏尺牍。老苏也关上一扇窗，把北宋年间的如晦风雨关在外面，再大的雨点也只好砸在玻璃上蜿蜒成一条条虚弱的小蚰蜒。老苏时自然没有玻璃窗，他住破庙农舍，躬耕自持，做得一味笋蕈菘心鳜鱼也噂瑟半天，还巴巴地写封信把做法告诉钱勰。老苏的做法如下：清水煮熟，用姜芦菔自然汁及酒三物等，入少盐，渐渐点洒之，过熟可食。最后还来一个"呵呵"，可见兴味无穷！老苏几乎是"呵呵"的祖宗了，尺牍里许多"呵呵"。经了乌台诗案风波，他便关了一扇窗，隔窗看风雨笑，呵呵。

半天的雨住了天光还长，天地真是如少女新颒面，娟娟然好看得紧。天被擦拭得连浮云都无，前一刻还一片水光，仿佛哪个神仙一挥拂尘喊一句"收"，便水渍都不见了，若不是地上干净得连浮尘都无，你恐怕要以为半天的雨只是一场幻觉。

这会儿又可以出门走走了，切近了时才可知树梢草地仍旧湿漉漉，却让那叶叶更肥腴了，流出绿来。趿着拖鞋的脚往草里濡一遭，脚丫子都是沁凉的。一不小心还捋到了几株鸭跖草，翠嫩的小尖叶子托着纯蓝的小花，花心里还夹着一两点鹅黄花蕊。也摘了回家插瓶吧，再过得几日天热了，鸭跖草的小蓝花也该隐去了。

返家已傍晚，太阳在天边染出一道金红，天上依然连浮云都无。夏至了，天是真该热了。

　　入夜吃罢晚饭倒有些念起儿时家里的小院了，那时到夏天便搬一张竹床，拿一柄大蒲扇滚在竹床上放肆扇。祖父从院前的井水里起出中午镇的西瓜，拿刀锋轻轻一划拉，瓜就咔嚓开了。井水镇的西瓜有香，不像如今冰箱里拿出来，香都冻死了。

　　那就仍坐在窗边读书吧，鸭跖草怯怯地待在桌上，可浑填一阕小词了，略一试——

　　　　巷尾庭前浅草低。搓搓鸭跖夏时稀。一掬南风半分雨，浸单衣。

　　　　日影黎光初透纸。倚窗懒怠闲读诗。何事无端轻敲梦？不堪移。

　　那年夏至，也是雨后初霁，我在路上走着，忽然听你唤一声，我回头答应："哎——"欢快得像个孩童。

　　梦。呵呵。

【释义】

夏至（xià zhì）

二十四节气之一，在每年公历六月二十一日或二十二日。夏至这天，太阳运行至黄经90度（处在双子座），太阳直射地面的位置到达一年的最北端，几乎直射北回归线，此时，北半球的日照时间最长。

白露

想悄悄告诉老杜一声，白露亦是酣畅的欢愉。

露从今夜白。借了这句诗来做开头，登时觉得白露不仅仅只是一个节气，而有了历史性和文学性，因为诗是老杜的。

从今夜开始，就是白露了。可不，就像在历史这道河流里，小日子稍稍打了一个旋——呀，露珠都莹白了。到这会儿，立秋悄悄来又悄悄走了老远，可是处暑揎掇了秋老虎肆虐半天，简直要将整个秋天都放在火炉子上烤焦了。立秋是貌不惊人的内向姑娘，怯懦地沿着夏天的边上过去，处暑干脆是助纣为虐的粗鲁汉子，到了白露，终于有了一些儿秋意。不过，白天还热，夜里倒清凉，"白露秋风夜，一夜凉一夜"，凉到秋分才算真正有了秋声。

老杜写白露时带着家国恨，自然一派忧愤。其实，秋天于世俗人事而言，最是喜兴，山上田间黄的绿的紫的红的，蔬果稻麦都好看得紧。

门口瘦颀的枣树伸了细长枝，每一枝都密密麻麻垂着红白玉似的小枣。你也不必爬树，倚在树下伸手便是，随便捞一枝攥在手里，一边摘一边往嘴里塞，可以管饱。低一些的枝条摘完了，就拿根衣钩钩了更高的枝下来扯着，枣树枝条比女孩的手臂还柔软，你就扯着"小手"，一颗颗拈着枣吃就是。南方的小枣红白夹杂，搁进嘴里脆生生嚼出响来，枣皮和肉也分辨不出来，清甜带香在舌面上一骨碌就落肚了，只别把枣核也一起吞进去就成。老祖母会告诉你，枣核在肚里发芽了，肚脐眼里会钻出一棵枣树来。会不会真的长出枣树，我们一直没敢尝试，只想着肚脐眼上要挺一棵枣树，也够羞死人了，比把大肚婆晾在满是人的大厅里还羞。

吃大砂梨就不用担心核在肚子里发芽了，它个大皮厚，一个足有半斤。大砂梨树矮胖的，也大约因了它的矮胖，结出的果也滚圆敦实。大砂梨的敦实还在于它的果皮，粗粝得真跟摸着一张砂纸，黄褐色的面皮，要是与北方鸭梨们梨黄带红晕的椭圆小脸比一比，简直可以羞煞了，径直钻入地底去。这么丑的大砂梨，其实甜得跟甘蔗似的，水分也足，咬一口就梨汁爆溅。削掉皮，梨肉里也并没有粗粝感，倒似入口即化般，一股子仙气飘飘忽忽地就进了肠胃。我总想，大砂梨大约是土地公公和土地婆婆生出来的嘎小子吧？即便长个芋头脑袋，总还是仙家骨肉。南方还有一种小青梨，都种在园旁院角，果实小而青，不甜不涩味道一般，树却高，树形有高古意。这样的梨树开花最好看，新叶尚未生发便披一树雪白，一阵风来便落一场梨花雨。可惜，这会子离春天远了，而且因为果实不好，竟连赏花的作用也被忽略，渐渐不见了。若春上偶往乡村，能见得一树婆娑梨花白，也可慰一春欢喜。

依旧看白露果吧。柿子也黄绿了，性急的就可以摘了，存在粗陶缸里喷点酒拿麻布松松盖两层，就候着它熟吧。熟一颗吃一颗，隔天再吃一颗。捂熟的柿子不如挂在枝头熟的颜色好，等一阵过了秋分，柿子叶都落了，一层白露一层霜一层阳光斑，柿子便有了太阳色，红澄澄的，映着澄蓝的天，就入了画了，舍不得摘。澄红的柿子们都在树梢尖上，拿了长竿轻轻敲枝梢，树下还得有人拿一大块布兜住才行，否则一砸下来就成了稀巴烂，鸡蛋破了醒了黄一般。在枝头熟的柿子不单单颜色好，连味道里都混杂了太阳香。

白露时分，晚稻才扬花，山坳里一丘一丘新绿，汪得水都绿了。你就在田埂间溜达着吧，若来一忽儿白露风，整个人便被稻花香簇拥着，轻盈得成了仙。老家山里有养禾花鱼的，小鲫鱼在汪着水的田里往来翕忽，隐在一棵棵禾兜下捉迷藏，饿了便张嘴呷禾花。你看禾花鱼时，怕会艳羡它的自在了。可惜禾花鱼只养两季，禾花抽穗了便捞了成了人们口中美食。山脚的老黄牛最自在，牛铃铛"当啷当啷"响两声，是它嚼茅草时甩了两下脖子，然后就磨着上下吻"咯啦咯啦"吃得欢实了。稻田是不能让它去的，秋稻可比茅草香甜。最香甜的自然是新收的谷米，不过也得霜降左右了。新米煮出得叫"秋白"，吃新米饭就是谈一场香甜的恋爱，我想可唤它为"秋之白华"，比如瞿秋白杨之华那著名的爱情。

老家还有白露酒呢，也叫程酒。年年白露节，家家酿米酒。《水经注》记载："郴县有渌水，出县东侯公山西北，流而南屈注于耒，渭之程水溪，郡置酒馆酝于山下，名曰'程酒'。"一小部分烧酒一多半糯米糟酒兑了，装缸封存，埋入地底，隔个三年五载起出来，酒呈醇红，吧咂吧咂还粘嘴巴。这便是程酒。听老人说，埋的时间更久些才更好，时间一跌宕便浑厚了，波澜暗藏，开坛就可醉倒了。一样的酿法，资兴叫程酒，嘉禾叫倒缸酒。一年去嘉禾，被邀去做客。男主人拎起酒坛子一碗一碗地倒，酒色澄红，甜宁的香。我以为它温柔，便一碗一碗喝，等到欢愉从胃里涌上来，与血液一起快乐奔突，才知道，醉了。程酒是钝刀子，醉了也快乐！

想悄悄告诉老杜一声，白露亦是酣畅的欢愉。

【释义】

白露（bái lù）

二十四节气之一。每年在阳历九月八日前后。

霜降

呵气成霜的清早，小店的昏黄灯光映出一团醺暖热气，里头冒出一个慈善的笑脸，你跺跺脚也钻进这醺暖里，买一杯热豆浆，不急不慢候着。反正胃肠已经踏踏实实熨帖了，还要那么急干吗？

天还没凉下来，就霜降了。像小路上，你哼着歌从惊蛰一直走，歌还没唱完呢，就到了霜降。曲调梗在那里，咽不下去也哼不出来，生生憋出一个响嗝。

其实，走得已经够久了。陌上新桑了，田里插秧了，油菜收了一茬，小麦熟了一季，蛙跳了，蝉鸣了，萤火虫在丝瓜架上找家。天还不愿凉下来，任性地扯着你撞见了霜降。霜降是个小子，遇见你也是一愣，脖子一拗，他一样还没准备好呢！时序还是旧时序，季节乱了。前些时读明清小品，徐文长一篇短笺末尾有一句"风在戴老爷家过夏，我家过冬"，调侃自家贫寒。换了这会儿，老徐倒不用担心了，风在戴老爷家过夏，在他家还过夏。

嗯，是我们步子太快了？

木心先生有一本诗集《云雀叫了一整天》，书里有一首《从前慢》，写爱情"一生只够爱一个人"。我却记得不是爱情的几句："清早上火车站/长街黑暗无行人/卖豆浆的小店冒着热气。"想着，这才是真慢啊！

呵气成霜的清早，小店的昏黄灯光映出一团醺暖热气，里头冒出一个慈善的笑脸，你跺跺脚也钻进这醺暖里，买一杯热豆浆，不急不慢候着。反正胃肠已经踏踏实实熨帖了，还要那么急干吗？

这才该是霜降的样子，有些冷，又有借以温暖的物什。

《辞海》里对"霜降"的释义，用了《月令七十二候集解》的一句："九月中，气肃而凝，露结为霜矣。"记得小时候的霜降确乎已经很冷，过了霜降就是冬了，便去外祖母家。

田野里稻子早割了，水也放了，剩了禾茬在那里整整齐齐列着队。一打霜，门外铺了一层盐似的，禾茬也硬邦邦被冻着了，踢一脚还咔嚓响。哪一丘田里若还汪着薄薄一层水，就结冰了，冰层更薄，浮在水面，小沙粒也能砸透，响更好听，一半冰声一半水声。这时青蛙早不知自个儿钻了哪个洞里冬眠去了，汪着水的田里可还有田螺呢，穿了舅舅黑漆麻乌的大雨鞋一脚一个大坑踩下去，手往水里踅摸一阵就是一把。只小心别脚脱出来，雨鞋还在淤泥里待着，一个趔趄一屁股坐下去。这就不单单手冻成了猪脚，屁股也有成肉冻之虞。干的田里更有好东西，弟弟常和小伙伴一起掏泥鳅黄鳝。禾茬根下若隐约有一两个小眼，就极有可能是泥鳅的"家"了，顺着这眼，一点点盘开泥，越往下掏，泥

声色记——最美汉字的情意与温度

越湿润，说不定掏出来的哪一捧淤泥里钻出一个泥鳅，从指缝间一溜又钻到田里去了。它总不如在水里滑溜，你只需在方圆不足一尺的地方就可以逮到它。眼大些的就是大泥鳅或黄鳝，黄鳝我从来不敢捉，像蛇。听说也有以为是黄鳝洞的，结果掏进去，果然是蛇，它也冬眠呢，吵着它一定得咬你。

山上其他草木早凋了，斑茅倒茂盛地招摇着长穗子，最好的是满山的油茶树挂满了茶籽。霜降也是摘茶籽的时节，堂哥给个小笆篓，又一把把我送上树杈，我便安安稳稳地坐在树上，边摘边玩。茶籽像小苹果，却万万不能啃，涩。小蚂蚁在树干上慢慢爬着，触角顶着茶树皮上茸茸的黄粉末。我拿小树枝挡住它的路，它便慢慢翻过去。又摁住它一条小腿，它也不急着挣脱，一点点抓挠着往上爬。碰到同伴，两蚁碰碰触角算是打了个招呼，又各自慢慢走了。一棵茶树我足可以坐一个下午，晒着霜降时的阳光直眯缝着眼，只差没一个瞌睡滚下树来。

茶籽是要在晒坪里晒的，晒晒茶壳就爆开了。等冬夜里笼一炉火，火上架个大簸箕，几个人煨着火拣茶籽。其实就是将籽和壳分出来，茶籽拿去榨油，茶壳渥在一堆做烤火的柴火。茶壳经烧，唯一不好是烟太熏人。

等霜降过了，茶树就绿油油地顶着满树白花了。茶花是清香的，玉白瓣娇黄蕊，花蕊里还有花蜜。折根叫"芦芨"的蕨类植物茎秆，两头掐了，扯出中间的"髓"，就成了一根小吸管，可以用来吸花蜜。凑上去一吸，茶花蜜清甜的，碰一鼻子的黄花粉，只别去和小蜜蜂们争食就成。

再冷些就是冬天了，母亲早做了厚厚的花棉袄，余下的布料还让外祖母纳了千层底的花布厚棉鞋。我们穿得圆滚滚的在暖阳下踢毽子。

　　今年霜降真暖和，还有人穿短袖，简直让人犹疑是时序走得太快还是季节被绊住了脚。幸好霜降时菊花照旧开了，可以作得借口来把酒赏菊饕餮食蟹。揭开蟹盖，膏黄脂腻，掰开蟹螯，肉质如玉。拈些掏进口中，满口鲜香由口腔壁和舌上味蕾传递至周身。幸福得如将大块带皮五花肉扔进炽炼的油锅，连锅盖都围不住油的欢腾。最好再有一二知己，他们侃侃而谈，我便就着他们的话，抠一大块蟹黄抿进嘴里，微笑。李笠翁说这是"蟹秋"，幸而如今蟹秋长了，从中秋到霜降，小大雪，冬至了，它还不蛰伏。

【释义】

霜降（shuāng jiàng）

二十四节气之一，在公历十月二十三日或二十四日。这时中国黄河流域一般出现初霜，大部分地区多忙于播种三麦等作物。

冬至

冬至深处，总有一个人和你在一起，看雪
赏梅负暄读书烹茶清谈围炉饮酒，浮生过
半，足够了。他出门了，你便折一枝梅，
附上一张小笺问一句："今冬未尝初酒绿，
何时对酌灯花红？"

总觉得这一天该至寒至暖。冬到了尽头，一味苦寒，可你总
得守着一炉火吧？总能有几个人陪你围炉烹茶把酒夜话吧？即便
独自，倚着炉火也有些灼热的盼头，如白居易一样，撰一张小
笺，问一声："晚来天欲雪，能饮一杯无？"

总之，冬至是温暖的。

"十一月中，终藏之气，至此而极也。"《月令七十二候集解》
如此解"冬至"，阴至极而阳复始，果然至寒至暖呢。

这一日，夜至长而昼至短，便守着寒夜吧。自古冬至大如
年。母亲给孩子们新制了冬衣，花花的袄子里厚厚地絮着雪白
棉，精巧的小盘扣弯弯绕绕结着纽。把脸伏在新衣上，新布新棉

里夹着太阳味，暄乎乎的，如母亲笑容里的粲然。寒夜里最暖是团圆。这夜该劓鸡宰羊祭祖祈福，一大家子团团围坐，炖萝卜吃饺子，闲话一年喜乐。可别落了酒啊，今冬新酿才好，小锡壶热热地烫了，喝下肚，胃也暖了，脸也烫了，笑里都是酒韵，便一个劲笑吧！父母眼里藏着慈爱，孩儿嘴边露着俏皮，新妇含情妩媚，青年英气十足。冬至就该这样和合完满。

若有雪更好呀，莹莹映着夜，中天里都映出青碧的澄莹。老村镇青砖老屋的檐角飞上了半空，一半顶着白纱，一半映着雪色，层次分明，比天空深湛，比树影轻薄。檐下一两尺长的冰凌与雪呼应着，如结伴走的姊妹花，她晶莹，她雪白，她一回首，她便微笑。老屋旁还得有几树梅花，红梅蜡梅都可，红与黄都含着雪，虬曲的枝干一半白一半黑，竟有了些水墨气。

在这么长这么长的夜里，何不踏雪寻梅？你该笑了，雅事做到如今，怕也俗套了。古人自是雅了，但设若这样的夜不踏雪不寻梅，不饮酒不烹茶，还能做甚？

"咔嚓——咔嚓——"听听声也好啊。脚踏上去，厚厚的雪地上立时凹陷出一个鞋印，依旧是原先的白，只由平面成了立体。唯她是那无瑕仙子，你下脚时竟有些犹疑，生怕亵渎了。

折梅须素手，折罢胆瓶里插了，仍有暗香盈袖。

用以插瓶清供的梅花必得讲究，须"疏影横斜"枝形优美，或拂云直上或欹斜凤舞。古人插梅挑剔至极，言"触目横斜千万朵，赏心只有两三枝"。

赏梅时有人伴着最好，可吟诗可联句可弹琴可弈棋，茶炉上水正翻出蟹目，茶香衬着梅香，眼底尽是浅笑淹然。若独自，便折梅远寄吧。《荆州记》里写了一段寄梅之谊："陆凯与范晔相善，自江南寄梅花一枝，诣长安，予晔。"随花附诗一首："折梅逢驿使，寄与陇头人。江南无所有，聊赠一枝春。"冬日寄春情，唯古人，将日子过进诗里。

我们并未得见范晔回书，却读过秦观得寄赠梅花后凄婉悱恻词句——"驿寄梅花，鱼传尺素，砌成此恨无重数。"彼时，少游羁旅郴州。

写下"郴州"二字，心里平白汩出一些疼痛。前面这千字的冬至文都是寒夜里拥被做的一个梦，梦境所在就是古郴州。

"郴"为林中邑。我可以为你描述她的模样——青山做伴，一水绕城，南塔钟声朝暮浑沉，苏仙岭上道观仙渺，青墙黛瓦巷陌纵横，炊烟依稀，鸡犬相闻。由郴江溯游可上至云梦之泽，从骡马古道能下到岭南两广。裕后街的古码头也有韩愈、苏轼、秦观落拓身影，也有冬夜奏响的哀怨寒砧。韩老夫子称她"有清淑之气"，秦少游凄厉问一声："郴江幸自绕郴山，为谁流下潇湘去？"

春来稻田汪着绿水，夏夜厅屋里穿堂风是祖父摇的蒲扇，秋天呀山上地里想什么得什么，冬至更有余味。祖父告诉我："冬至萝卜赛人参。""冬至浲的红薯酒都雄些。"冬至了，他还会写些红彤彤的对联，什么"置酒待嘉客，饕餮过冬节"之类，招了子侄乡邻饮酒高谈。

我们吃饱喝足了便穿了新衣新鞋满屋子窜，累了倒头就睡，在彩描金漆的大床上做一个黑甜的梦。城里昆剧团还在咿咿呀呀唱《游园惊梦》呢！

梦尚未完结，半醉半醒间浮生已半，我竟远离了郴州。这夜翻微博，得到一句：冬至可长歌，可醉饮，唯不可离去。而我清醒地做着一个梦，在远离的冬天。

便翻书吧，《浮生六记》《小窗幽记》《琅嬛文集》，竟也是梦一般，梦里纷纷扬扬落着雪。

冬至深处，总有一个人和你在一起，看雪赏梅负暄读书烹茶清谈围炉饮酒，浮生过半，足够了。他出门了，你便折一枝梅，附上一张小笺问一句："今冬未尝初酒绿，何时对酌灯花红？"

嘿，话说这后一句是车前子的，我借了来，也必得交代一声，不掠人美。

【释义】

冬至（dōng zhì）

二十四节气之一，在十二月二十一、二十二或二十三日。这一天太阳经过冬至点，北半球白天最短，夜间最长。

上巳

在古代这是一个极旖旎的节日，除开春风一度，更有佩兰祓禊、曲水流觞的风情。花事、酒事，诗词应和，无论王羲之、谢安或是范镇，都是清阔之人，才有这样的清雅蕴藉。

今日上巳。

在古代这是一个极旖旎的节日，除开春风一度，更有佩兰祓禊、曲水流觞的风情。而今却只剩荠菜煮鸡蛋了，还好荠菜每年春天都在野地里抻着细长的脖子疯长。

春风一度上巳天，风日正好，便去郊外采了荠菜来煮鸡蛋，汤一滚就满屋子荠菜香了。荠菜香甜丝丝的，钻进鼻孔里也能打一个滑，你忽忽悠悠去寻味，一不小心可滑一个趔趄。于是，三月三的春风里都有了甜丝丝的味道。

"农历三月三，荠菜煮鸡蛋"，为什么有这个风俗？母亲也说不清，只说荠菜清凉败火。人们也只知三月三，哪里还有"上巳"这个节日？

在古代，上巳这日人们都要结伴到水边以草药熏汤沐浴，称之为"祓禊"，因为春日初开寒气未尽，最易患病，祓禊既是依靠沐浴防病祛除时疫，也是祈愿。

这都是当年祖父教的，我却怎么也记不起"祓禊"二字怎么写，读什么音。网上一阵乱搜，才明确这两个一直在脑子里躲着我的文字。祖父离去也是躲着我吗？一躲便这么些年。祓禊，fú xì。我找到它了，却再不见祖父。

祖父没说祓禊亦是男女欢会时，他只说人们沐浴之后，还采兰、出游、饮酒。

《诗经》里有篇《溱洧》，便写上巳日青年男女在溱洧之滨游玩，采香草互赠表达爱意。

> 溱与洧，方涣涣兮。士与女，方秉蕑兮。女曰："观乎？"士曰："既且。""且往观乎？"洧之外，洵訏且乐。维士与女，伊其相谑，赠之以勺药。溱与洧，浏其清矣。士与女，殷其盈兮。女曰："观乎？"士曰："既且。""且往观乎？"洧之外，洵訏且乐。维士与女，伊其将谑，赠之以勺药。

无法回到当时情景，读读《溱洧》也好啊。几乎眼见得溱洧之滨桃花春汛，水涣涣汤汤，人喜气欢颜佩兰而行。佩兰是祓禊必行之道，据说佩兰而行的人能得天降吉祥庇护，这是兰草的神性。

春风骀荡之时，正宜踏青。祓禊习俗之后他们将"蕑"换了"勺药"，上演了一幕爱情剧。眼前春情春景笑语呢喃，才真真算得春色无边了。勺药可不是现今的芍药，也是一种香草，古音的"勺"与"约"同声，赠勺药意为"结约"，便是定了情意。在这样美好的上巳缔结爱情，多好！杜甫《丽人行》里"三月三日天气新，长安水边多丽人"，亦写这日的美好，想想心里都欢喜。《论语》里曾点这句"浴乎沂，风乎舞雩，咏而归"倒与爱情没有瓜葛，自由自在的状态是一样的，该是最早的文人雅集吧？

有著名的曲水流觞兰亭雅集，才有了著名的《兰亭序》。永和九年上巳日，天气晴和，王羲之和孙统、孙绰、谢安等四十二位名士，宴集于兰亭。大家列坐于曲水两侧，将酒觞置于清流之上，漂到谁面前，谁便即兴赋诗，否则罚酒三杯。人们随捞随饮，即便被罚也畅快。此次兰亭雅集作诗三十七首，辑录为《兰亭集》，王羲之作序。兰亭诗作并不为后世知晓，但随着这绝世行书的流传，曲水流觞的雅韵已经流淌了几千年。

范镇的飞英会怕也是借着上巳由头？飞英会远比兰亭雅集更风致。据记载，范镇迁至许下后，建造了敞阔的"长啸堂"，堂前有一个酴醾架，每当暮春时节，他都要呼朋唤友雅集于花架下。酒酣之际，范镇看看杯中飞瓣，便想出了一个酒令："有飞花堕酒中者，为余浮一大白。"也就是花架上的酴醾花瓣落入席上哪一位宾客的酒杯里，此人就必须饮一大杯。众人听闻此等雅事，皆拊掌赞同。而有时，微风过处，花瓣如飞雪，地上、案几，甚至各人襟怀、杯中，酴醾成雪。于是，满座皆欢，各各浮一大白。

花事、酒事，诗词应和，无论王羲之、谢安或是范镇，都是清阔之人，才有这样的清雅蕴藉。

不过，宋以后，道学家们看不得自由的爱情，竟以"溱洧"

指淫乱。也大约从那时起，被褉渐渐式微，文人们的雅集倒延续下来了。

上巳被褉种种雅事终究离我们远了，不如荠菜这样直白地亲近。

三月就与荠菜约一场雅集吧，它在田间地头青青绿绿地招摇着，不见它，你怎知春深如许？

【释义】

上巳（shàng sì）

古代节日名。汉以前以阴历三月上旬巳日为"上巳"，魏晋以后多改为三月三日。这一天人们都到水边洁身或嬉游，以去除不祥。

端午

端午是名正言顺吃的节日，青绿尖角的粽子、五彩线打了络子网住的咸鸭蛋，老家端午还炖老鸭，都鲜得你绊一跤。

　　有孩子之前，我曾想，若生在某些节日或节气倒不错，连名字都不用想了，叫小寒、霜降、小雪、立春、夏至、端午，都行。除了处暑、清明不宜，一个太难听，一个犯忌讳。尤其好的是端午，阳气足，底子旺，是个男孩就可以虎生生地迈开大脚板走天下了。

　　端午还真是男孩样，好热闹，初夏的大太阳一出来就火辣辣地挂在天上，瞅一眼你都得犯晕，吃了一把朝天椒似的从骨头里翻出火来，头顶背心上的汗可以洗澡了。这个男孩该五行属土，皇天后土滋养得元气淋漓，黝黑的皮肤被端午的大太阳晒出油了，一笑露出两个小虎牙。终究没能生个男孩叫端午，念着这俩字都生生觉得遗憾。

几个朋友一直在筹划弄一个书院，找了一处清静地便开始议事，从园子里甲午年的梅花开议到乙未年的栀子花开，终于要开园了。书院取名"九畹"，揭牌便定在端午，同时开第一次诗会。我们再去园子商讨具体事宜，上楼时经过讲堂，见芭蕉树下太湖石侧有几丛兰草。朋友突然问："为什么非说兰花是王者之香?"我没顾得上回答她就走神了，九畹，端午，王者香，书院注定与那个汨罗江里的诗魂有了丝丝缕缕牵系。

九畹语出《离骚》，屈子"滋兰之九畹兮"，可见爱兰之甚。又据统计，先生作品中，《楚辞》中有四十二处写到兰，其中《离骚》十处，《九歌》十一处，《九章》两处，《招魂》六处……日常亦是春浴兰汤，秋佩兰，以兰为侣，以蕙为伴。

王者香倒不是屈原的话，是孔夫子的。据说孔子周游列国，从卫国返回鲁国时，看见幽谷之中"兰香独茂"，感慨道："兰当为王者。"便作《幽兰操》（又称《猗兰操》）：

习习谷风，以阴以雨。
之子于归，远送于野。
何彼苍天，不得其所。
逍遥九州，无所定处。
世人暗蔽，不知贤者。
年纪逝迈，一身将老。
伤不逢时，寄兰作操。

从《幽兰操》看，这两位相差两百余岁的先贤境遇竟差不多，一样的世事动荡，一样的生不逢时怀才不遇。

其实，若论香气，兰花似乎远非王者，该为隐者或灵者。兰香无序而幽眇，你该当以心读之，像两个灵魂的伴侣。真是有将兰香喻相契者的句子——"同心之言，其臭如兰。""臭"不是臭，而是气息，说的是灵魂相通之人便会有同心之言，如兰花一样清香。

为书院命名的施杰荣先生也是爱兰人。先生是书画家，曾为我写兰一幅，题诗喻我为兰，我却以为他才有兰之素心，我终究俗了。

我们就这样一起操持起这座叫"九畹"的书院，端午便鸣锣开张齐来做诗。

是的，我仍旧念念不忘端午，不仅仅是那个"小男孩"，还有自己小时候仅次于过年的欢喜，像睡了一夜之后，灶王爷就捧了一堆东西搁在我的枕边。奇怪，我小时候竟没有圣诞老人的概念。

离端午远不止一个梦的距离，几乎过了清明就开始盼，因为清明祭祖会打各种吃食，小孩跑到厨房里偷吃都不致讨骂的。而端午更是名正言顺吃的节日，青绿尖角的粽子、五彩线打了络子网住的咸鸭蛋，老家端午还炖老鸭，都鲜得你绊一跤。

我一直以为包粽子的阔大叶子就是院子前边那丛修长的苦竹叶。每每到了端午前一两天才见满街卖粽叶的，母亲买回来，我偷拿了几片去和竹叶比了比，粽叶脉络多而更有韧性。

粽叶得洗过还须在清水里浸着，系粽子的绳子有时是棕榈叶，有时是细麻绳，也有使粗白线的。不同的是，棕榈叶系的粽子是一吊一吊的，而麻绳白线老长一串，可以绕脖子围两圈，有坐拥万亩良田的富足感。

母亲总是和伯母一起包粽子，糯米淘漉了沥了水，里面略微掺些碱砂，米立时变色，不细看几乎要以为是向粽叶借了一分绿，分付给每一粒后便青里略黄了。我爱看伯母包，她比母亲细心也更温和。两三片粽叶交叠着卷成尖筒，拿勺子舀几勺米倒进去压紧实了，便食指拇指中指交替着翻出花般，将粽叶结结实实包裹了。棕榈叶是早就撕成一根根短绳子一起在水里浸着，这会儿便抽出一根绕两圈系紧了打个结，一个粽子就得了。我由幼至长也不知见过多少回包粽子，却始终没学会。也曾试着包过，却还不及去蒸就已经散了。伯母包的粽子蒸出来连一个吐角的都没有，我母亲倒手上糙些，不但有吐角，有些样子也没伯母的好看，还遭我们嫌弃。吐角的粽子蒸出来就像泡了水一样，少嚼头，也缺了粽香。我爱吃白粽，不蘸糖，肉粽也好，仍然不能吃糖。想来如今年年端午有甜粽和咸粽之争，也不是没有道理。

咸鸭蛋也是端午清嘉，包粽子没学会，打络子更不会，我母亲也不擅长，只好每到端午看小伙伴脖子上挂着串美好的长链子奔跑时，自己悄悄在墙角敲开蛋壳。

母亲在炖老鸭汤的时候，我们都蹲在墙角斗草，拿细冰棒棍玩"金沙江畔"。后来才知道，端午真有儿童"闲斗草"这一说。端午还插艾呢，买了艾叶菖蒲种种时鲜草药，一小把拿棕榈叶系了挂门上，一多半去煮洗澡水。木盆里坐着的时候，馥郁的药香几乎将人蒸腾得悬在半空，有些微醺了。雄黄酒还没喝呢！

【释义】

端午（duān wǔ）

我国传统节日，农历五月初五。相传古代诗人屈原在这天投江自杀，后人为了纪念他，把这天当作节日，有吃粽子、赛龙舟等风俗。也作端五。

中元

我不知道他回来没有，也不知道周边有没
有别的鬼在觊觎他的钱粮衣物，却笃定地
相信这个世上是真有鬼的。仿佛唯其如
此，祖父才真能在这一日回来看我们一
眼，哪怕我们永远都看不见他，知道他在
就好。

我是胆大之人，常一个人走南行北游历"江湖"不知怕为何
物。大约与多年前一次夜行有关，都说胆子是历练出来的。

大学毕业我在邻省某市一所乡村中学教美术，我得说那时我
是一个叛逆的小老师。上课背个画板立在黑板前旁若无人地画，
告诉学生："照着画就可以了。"讲各种文学趣闻、美术简史到高
兴时，一挪屁股便坐在了讲桌上。又一个不高兴了跟学生打个招
呼，就拍屁股乘渡轮、公交车、大巴、火车辗转回家了。倒有一
样好，无论学校有多难的任务，我都照单收了保证完成。

一次我又失踪了，在家里住了两三天才返回。仍旧汽车、火
车、渡轮一路折腾，火车还晚点，到小镇对岸已近半夜十二点。

幸好还有渡轮，硕大的钢铁甲板上只有一辆大货车和它的司机立着，与我面面相觑。下了渡轮我简直大喜，家家户户门口居然都燃着红烛，浑然就是为照路迎我，月亮也在天上明晃晃地照着。我喜滋滋拖着行李边走边数各家门口的烛分别有几支，像教堂里穿婚纱的新娘在众人的注目下走向新郎，一路的奔波都扔在身后了。只丝毫没有注意到火烛旁还有纸钱燃过的余烬。

洗漱完终于将自己摆平了搁在床上，乜着眼几乎要睡着时，一个激灵惊得我几乎腾起——今天是中元节，我走在路上时正是七月十四与十五的交接，人们哪儿是迎我，是接鬼魂啊！

暑热犹盛的夜里倏然来了一阵凉风，我躲在暗里眼睛睁得滚圆，生怕看漏了一处微小异状。幸好，房顶还是那简陋的木结构，未到顶的墙那边传来隔壁姑娘的呼噜声。

这夜见天光了我才囫囵睡着，早上又迟到了。

中午吃过饭便忙不迭打电话回家，那时，祖父尚在世，他在电话里呵呵笑，说："年轻人阳气足，怕什么鬼怪！"我才终于放心。半年后我就辞职回家了，天天在祖父跟前腻着才觉得安心，他是我的庇佑。

中元节就是鬼节，我们叫七月半。年年七月半，我们都会跟着祖父给祖宗"烧衣"，其实就是纸钱香烛之类，也有真做得如衣服的。祖父说，"七月流火，九月授衣"，过了七月就凉了，要早些给祖宗备足了钱粮衣物。

我们都玩儿似的凑热闹，谁曾想过祖父有一天也要到那个世界去，我们也须在七月半给他"烧衣"。

祖父真的去了，我们也真的年年给他"烧衣"。买来的纸钱衣饰都拿草纸包好，用毛笔填上祖父的名讳及收讫字样，便拿了香烛火盆酒菜找一处僻静地，放好吃食插好香点燃烛便开始。纸钱纸衣还得一张张烧，焚成了灰烬才能抵达祖父那个世界，烧的时候母亲会要我们喊祖父回来"接衣"。我往往怯弱，只在心里默念："爷爷，回来，爷爷回来，爷爷，你还能回来吗？"我不知道他回来没有，也不知道周边有没有别的鬼在觊觎他的钱粮衣物，却笃定地相信这个世上是真有鬼的。仿佛唯其如此，祖父才真能在这一日回来看我们一眼，哪怕我们永远都看不见他，知道他在就好。纸钱纸衣都烧毕，再向天地祖父祭了酒，便算结束了。母亲照旧捧着吃食酒盅回去，我借口要看着灰烬完全熄灭蹲在火盆边不愿走。天上有月，耳际有风，蛐蛐在脚边絮语，我悄悄在心里同祖父说话。

我说，爷爷，你还记得我小时候跟弟弟追着跑把膝盖摔破了，你大声骂我吗？那是你第一次对我那样生气，拿碘酒给我清洗的时候，手里的棉签一挨到膝盖就"弹起来"，口里仍旧骂着："就是要让你痛才知道走路得好好走。"

我说，小时候爸妈都忙，我从来就只有屁颠屁颠跟在你后面。冬天你会说："爷爷怕冷，你要给我焐被窝啊！"夏天你扯着我的手在穿堂里坐着，要我给你摇蒲扇，其实不一会儿蒲扇就到了你的手里，一下一下替我扇。

我说，爷爷，五岁那年去太原，在郑州转车时你去排队买票嘱我原地坐着看行李，队伍冗长你好久才回来。后来好多年你都后怕，说如果我被人拐走了你真会疯掉。其实，你不知道你老了以后记不清路了也走丢过几回，我们疯了一样地找你，找到以后也是后怕得不行。

我说……

我像从前一样絮絮地同祖父说话，那风也必是他像从前一样拿了蒲扇给我扇的凉。

【释义】

中元（zhōng yuán）

中元节，指农历七月十五。旧时道观于此日作斋醮，僧寺作盂兰盆会，民俗亦有祭祀亡故亲人等活动。

年

过年也绵长，从小年到十五，你要愿意，
整个腊月正月都算年。

"年"是个绵长的字眼，一年又一年。你的这些年尽了，血
脉还可以躺在儿孙的血管里再过一些年。中国人又最喜热闹，一
年年的衔接处还过一个年。

过年也绵长，从小年到十五，你要愿意，整个腊月正月都算
年。孩子们甚至霜降过了就开始盼。挂露了，打霜了，离下雪也
就不远了，第一场雪落下来，就快过年了。

冬天里偎在外婆家柴火灶前等新酒的日子是年的序曲。屋
外，雪已经积了半寸厚，盈尺的冰凌在屋檐下挂了一溜。

干瘪而慈爱的外婆总在红通通的灶前坐着，灶旁是码成堆的
干柴，从初寒到腊月，柴火一点点变矮。我蜷在外婆身侧，瞪大

声色记——最美汉字的情意与温度

了眼盯着灶上大锅里的蒸酒桶，将白天坐成黑夜，瞌睡了才被悄悄抱到雕花大床上睡去，早起搓着迷离的眼睛又倚着红通通的火坐下。外婆则似乎从不曾挪动过，除了添柴和偶尔起身用火钳夹几个红薯埋进灰堆里。灶上得不停地添柴，火上的大铁锅里蒸腾着馥郁的烟气。外婆说这是在"滗酒"，锅里是发酵了的粮食，蒸馏出来的水汽过滤了，就凝成了新酒。

出酒似乎总在下午或者半夜，因为每次我都是在梦里被外婆的一声"出酒了"唤醒的。

初酒淡淡的，像是温水里软软地掺了一点酒气，再过一阵就"雄"了，看着仍是软糯的水淡色，咕咚一大口下去也能醉倒在灶边。我便这么咕咚一口，从灶膛里扒出一个煨红薯，拍拍灰，就着新酒暖暖地吃完，偎着外婆和红活的火睡一觉，隔天，又咕咚一口，又暖暖睡一觉。

随着几坛子新酒出了，第一场雪也停了，小年来了。

老家有一种过年的吃食，叫"套花"，二十三就得做。粳米糯米掺和了打成粉，再掺了白糖和成团，揪一小坨搓巴搓巴成一根长长的"米绳子"，再捏巴捏巴成一个大环套小环的大花。妈架上油锅，把我们做的"花儿"一个个扔进锅里炸酥，就成了。套花香甜酥脆的，我往往一个花瓣一个花瓣掰着吃，生怕吃残了它的美丽。

对于妈来说，小年期间就是一场兵荒马乱。洗洗涮涮，拾拾掇掇，买肉杀鸡，炖肉炸肘子，还得给我们姊妹置办新衣。而对于我而言，小年无疑仍是簇新的，如妈给我们新制的棉袄，软软的透着股暄和。新棉袄被她规整地折叠了放进柜子里搁着，我总会隔几个小时就拉开柜门来看两眼，生怕那簇新会被关上便一点点旧了。

守着新衣服的欲念饱满到蓬勃时，就到了除夕，衣服果然没变旧，但穿它的想头却旧了。各种吃食也盼得太久，以致堆到眼前时，反倒挑三拣四只拈一两样沾沾牙。我从小是个忧郁的姑娘，过年也给自己找些由头来落两滴泪。于是，整个新年的鞭炮声里，美食在前新衣服在身而落落寡合。

唯有十五，是不适宜忧郁的。

十五的夜是现实版的哪吒闹海，记忆永远停留在外婆住的老村里。老村过年有一大风俗，三十请龙，十五送龙，为着祈求来年风调雨顺。龙是草扎的，上面插满了点燃的线香，在寒夜里呼呼舞来，浑然就是一条火龙腾跃。请龙的仪式不曾得见，送龙倒看过几回。

十五的夜饭总是吃不安稳，随便扒拉两口就出门。老村里，锣鼓钹铙唢呐镲，喧天闹腾。舞龙的尽是壮汉，穿得极单薄，想来不但运动会热，那草龙身上插满的香火也足以让空气滚烫了。锣是总领，哐当一声，鼓点也起了，铙钹也疾了，唢呐朝天嚷。每家每户都备足了鞭炮迎接火龙，嬉笑着点了引信，一串串扔将过去，香灰四溅，星星点点。汉子们翻滚腾挪间，火龙在鞭炮炸响的烟气里蜿蜒舞动，一旁还有攥着一大把香的，随时准备续上，那龙活脱脱的，舞得人将心悬在嗓子眼。舞到将近半夜，将每条巷子都舞遍了，才把龙送到河边，一瓢桐油浇上去一把火烧了，才真送龙上了天。十五算过完了。

一阵镲响，一声锣鼓，年也旧了。

如今，草龙的余烬也在记忆里灰了，只不知那个已经没有了外婆的老村是否还留着这舞龙的风俗。我们总是再也回不去这样

声色记——最美汉字的情意与温度

的年了。年年过年，只围炉守着大鱼大肉看看春晚就过罢了。

【释义】

年（nián）

一年的开始：年节。新年。